EINFACH GUT

SONJA CARLSSON

TRENNKOST BACKEN

Inhalt

Zu diesem Buch

Die Trennkost boomt! Sie ist zur Trendkost geworden, weil sie schon vielen Menschen geholfen hat, den Weg zu einer gesünderen Ernährung zu finden oder auf Dauer schlank zu bleiben. Der Trennkostgedanke geht auf den amerikanischen Arzt Dr. Howard Hay zurück. Seine Lehre von der Trennung unserer Ernährung in Säure- und Basenbildner kam in den zwanziger Jahren zu uns nach Europa. Seitdem findet die Hay'sche Trennkost immer mehr Anhänger, vor allem unter Menschen, die Übergewicht haben und unter ernährungsbedingten Krankheiten leiden. In der Trennkost werden kohlenhydratreiche und eiweißreiche Nahrungsmittel zeitlich getrennt voneinander gegessen. Es gilt, die Rezepte so zu gestalten, daß Zutaten aus beiden Gruppen in einem Gericht nicht zusammen vorkommen. Zutaten aus der neutralen Gruppe dürfen jedoch mit beiden Gruppen kombiniert werden.

Vollwertiges Backwerk und Brot hat in der Trennkost seinen festen Platz. Doch kann man überhaupt trennkostgemäß backen? Man kann! Es gilt natürlich, die Trennung von Zutaten aus der Eiweißgruppe von Zutaten aus der Kohlenhydratgruppe zu wahren. Das ist nicht immer ganz einfach, doch probieren geht über studieren. Die hier vorgestellten Rezepte entsprechen voll und ganz dem Hay'schen Trennungsprinzip. Sie wurden allesamt nachgebacken.

Der Rezeptkopf gibt Ihnen Auskunft über die jeweilige Gerichtsart, die jeweilige Stückzahl, die Zubereitungs- und Sonderzeit. Dabei schließt die angegebene Zubereitungszeit eventuelle Vorbereitungszeiten bereits mit ein. Sonderzeiten wie z. B. Zeit zum Ruhen, Zeit zum Quellen und Zeit zum Gehen etc. werden extra ausgewiesen. Eine Kalorienangabe je Stück oder Scheibe des Gebäcks ergänzt den Informationsblock.

Zu Ihrer Orientierung finden Sie über jedem Rezeptfoto ein Stichwort zur Geschmackscharakteristik und eines zum zeitlichen Gesamtaufwand. Dabei definieren wir:

schnell: Das Gebäck ist in maximal $1/2$ Stunde fertig.
braucht Zeit: Das Gebäck ist in maximal $1/2$ bis $1 1/2$ Stunden fertig.
zeitintensiv: Die Zubereitung des Gebäcks dauert länger als $1 1/2$ Stunden.

Bei der Zubereitung gehen wir davon aus, daß Obst, Gemüse und Kräuter bereits geputzt bzw. gewaschen sind. Diese Arbeitsgänge werden daher in den Rezepten nicht mehr gesondert erwähnt. Die Backzeiten und Temperaturangaben beziehen sich auf einen Elektro-Backofen mit Ober- und Unterhitze.

Abkürzungen:

EL = Eßlöffel (gestrichen)
TL = Teelöffel (gestrichen)
ML = Meßlöffel (gestrichen)
Msp. = Messerspitze
P. = Päckchen
ml = Milliliter
cl = Zentiliter
g = Gramm
kg = Kilogramm
kcal = Kilokalorien
ca. = circa
Min. = Minute(n)
Std. = Stunde(n)
°C = Grad Celsius
i. Tr. = in der Trockenmasse (Fettgehalt bei Käse)

Die **Kalorienangaben** beziehen sich immer auf **1 Stück** oder **1 Scheibe**.

Backen in der Trennkost

In der Trennkost nimmt das Thema Backen einen ganz besonderen Stellenwert ein: Zum einen wird ausschließlich Vollwertgebäck empfohlen, zum anderen sind zusätzlich noch die Regeln des Trennens von Zutaten aus der Eiweiß- und der Kohlenhydratgruppe zu berücksichtigen. Viele herkömmliche Rezepte müssen deshalb für die Trennkost modifiziert werden. Es erscheint daher zunächst recht kompliziert, nach den Regeln der Trennkost zu backen.

Was ist anders?

Herkömmliche Grundteige bestehen meist aus Eiern, Zucker, Fett, Milch und Mehl. Dazu kommen die einzelnen Triebmittel, die Aromen und Gewürze. Wer nach den Regeln der Trennkost backen will, muß die Gruppenzugehörigkeit der erlaubten Zutaten berücksichtigen und sollte nur Zutaten aus derselben Gruppe kombinieren. Neutrale Zutaten sind sowohl für Eiweiß- wie auch für Kohlenhydratgebäck geeignet.

Verständlicherweise zählen die meisten Backwaren zu den Kohlenhydratgerichten, weil man ohne Mehl und Süßungsmittel wohl kaum backen kann. Dadurch reduziert sich die Palette an Backwaren erheblich. Für den überzeugten Trennkostler gibt es aber trotzdem noch viele Möglichkeiten, seine Kost mit geeignetem Gebäck zu bereichern. Die Gruppe der Eiweißgerichte enthält zum Beispiel einige Obstkuchen, deren Böden ohne Mehl zubereitet werden. Neutrale Kuchen und Torten enthalten keinen gebackenen Boden, sondern bestehen lediglich aus Quarkmassen und werden überwiegend kalt zubereitet.

Trennung von Zutaten in Eiweiß- und Kohlenhydratgruppen

Bei Gebäck aus der Kohlenhydratgruppe dürfen keine ganzen Eier, sondern nur die Eigelbe verwendet werden. Damit der Teig nicht zu fest und zu fetthaltig wird, können Sie Joghurt, Sauerrahm oder Magerquark hinzufügen. Da Eiweiß als Volumengeber fehlt, sollten Sie etwas Weinsteinbackpulver zur Teiglockerung untermengen. Milch, die wie Eiweiß ebenfalls zur Eiweißgruppe gehört, wird durch Buttermilch oder durch Wasser ersetzt. Kohlenhydratteige dürfen Süßungsmittel (keinen Zucker), Mehl (aus Vollkorn), kohlenhydratreiche Bindemittel und Früchte aus der Kohlenhydratgruppe (mürbe Äpfel, Bananen) enthalten, außerdem natürlich auch Zutaten aus der neutralen Gruppe. Gebäck der Eiweißgruppe enthält kein Mehl und aus geschmacklichen Gründen nur wenig Süßungsmittel. Reine Eiweißteige und Baisermassen gehören nicht in die Trennkost, weil sie nur mit Zucker optimal gelingen. Zucker übernimmt bei diesen Teigen die Stabilisierung und muß in relativ großen Mengen zugesetzt werden. In der Trennkost verzichten wir auf Zucker und konsequenterweise auch auf Makronen- und Baisermassen. Neutrale Kuchen und Torten gibt es sehr wenig, weil die Backzutaten eine entsprechende Kombination erschweren. In diesem Bändchen finden Sie Anregungen für gekühlte Torten, die mit Quark- und Sahnemassen sowie mit Früchten aus der neutralen Gruppe hergestellt werden. Sie sind für den Sofortverzehr gedacht.

Trennungsplan für Backen in der Trennkost

Innerhalb einer Mahlzeit bzw. eines Rezeptes dürfen zur Eiweiß- und zur Kohlenhydratgruppe gehörende Lebensmittel nicht gemischt werden. Folgende Kombinationen sind jedoch möglich:
- Lebensmittel aus der Eiweiß- und der neutralen Gruppe
- Lebensmittel aus der Kohlenhydrat- und der neutralen Gruppe

Eiweißgruppe

ganze Eier, Eiweiß (Eiklar)
Milch aller Fettstufen
alle frischen Früchte
(außer Heidelbeeren, Datteln, Bananen
Feigen, mürben, süßen Äpfel)
Wein, Sekt, Obstsäfte
Sojamehl
alle Käsesorten mit höchstens 50 % Fett i. Tr.

Neutrale Gruppe

süße Sahne
Eigelbe
alle Fette und Öle
alle gesäuerten Milchprodukte,
(z.B. Quark, Joghurt, Buttermilch)
Heidelbeeren, Rosinen
Nüsse, Kerne, Samen und Keime
alle Gemüsearten (außer Kartoffeln)
Hefe
Spirituosen in kleinen Mengen
Gewürze (außer Süßungsmittel)
Geliermittel (Gelatine, Agar-Agar, pflanzliche Bindemittel aus Johannisbrotkernmehl)
alle Käsesorten mit mindestens 60 % Fett i. Tr.
alle Frischkäsesorten

Kohlenhydratgruppe

Bananen, frische Feigen, frische Datteln
alle Vollkornmehle (außer Sojamehl) und Vollkornprodukte
Trockenobst (außer Rosinen)
Kartoffeln
mürbe, mehlige Äpfel
Süßungsmittel (Frutilose, Honig, Ahornsirup, Dicksäfte, Zuckerrübensirup)
Kartoffelstärke
Weinsteinbackpulver
Puddingpulver (ungefärbt)
Carobe (gemahlene Frucht des Johannisbrotbaumes; das Pulver wird wie Kakaopulver verwendet)

Gemieden werden sollten folgende Lebensmittel:

Zucker
Marmelade, Konfitüre, Gelee
Süßstoff
Obstkonserven
polierter Reis
Kastanien
Preiselbeeren
Rhabarber
gehärtete Fette
schwarzer Tee
Kaffee
Kakao
weißes Mehl und daraus hergestellte Produkte
hochprozentige Spirituosen in großen Mengen

Ob Sie ganz auf die unter dieser Rubrik genannten Lebensmittel verzichten, liegt in Ihrem Ermessen.

Tips zu den Backzutaten in der Trennkost

Mehle

Es werden ausschließlich Vollkornmehle verwendet, die möglichst fein gemahlen sein sollten. Das Gelingen des Gebäcks hängt weniger von der Mehltype, sondern ganz wesentlich vom Mahlgrad des Mehles ab. Auch Vollkornmehle können sehr fein gemahlen sein, andererseits gibt es sie auch geschrotet mit eingeschränkter Backqualität. Teige aus Vollkornmehl benötigen aufgrund ihres größeren Gehalts an Ballaststoffen etwas mehr Flüssigkeit als Teige, die mit dem üblichen Haushaltsmehl (Weizenauszugsmehl Type 405) hergestellt werden. Die Menge an Triebmitteln erhöht sich nicht. Für Hefe- und Sauerteige sollte das Mehl Zimmertemperatur haben. Sojamehl ist kein Mehl im herkömmlichen Sinne, sondern es ist eher mit Milchpulver vergleichbar. Es zählt zur Eiweißgruppe und eignet sich nicht als Mehlersatz zum Backen, sondern wird vorwiegend zur Eiweißanreicherung verschiedenen Speisen zugesetzt. In diesem Buch spielt Sojamehl keine Rolle.

Süßungsmittel

Zur Auswahl stehen Ahornsirup, Zuckerrübensirup (Rübenkraut), Apfel- und Birnendicksaft, Frutilose und Honig. Frutilose ist eine flüssige Obstsüße aus Kernobst. Sie ist gegenüber den Obstdicksäften eher neutral-süß. Sie erhalten Frutilose im Reformhaus. Für Teige die geformt werden (süßes Kleingebäck und Plätzchen) eignet sich wegen der höheren Trockenmasse am besten cremiger Honig, der zur Verarbeitung etwas verflüssigt werden sollte, oder Ahorn- sowie Zuckerrübensirup. Frutilose und Obstdicksäfte machen den Teig oft zu weich und erschweren das Ausrollen und Formen. Sie eignen sich besser zum Süßen von Cremes, Quarkbelägen und Joghurtmassen.

Eier

Das ganze Ei zählt zur Eiweißgruppe. Eigelb gilt als neutral, Eiweiß dagegen darf nur für Eiweißgebäck verwendet werden. Eiweißteige sollten nicht zu stark gesüßt sein und dürfen kein Mehl enthalten. Deshalb gibt es in der Trennkost keine Makronen- und Baisermassen und keinen echten Biskuitteig. Die Teigstabilität erreicht man durch Steifschlagen von Eiweiß und den Zusatz von Eigelb sowie von gemahlenen Nüssen oder Mandeln. Der Teig eignet sich vorwiegend für flache Kuchenböden.

Fette

Erlaubt sind hochwertige Pflanzenmargarine, Butter und Pflanzenöl. Zum Ausbacken von Waffeln eignet sich Pflanzenöl. Krapfen werden am besten in Fritierfett ausgebacken.

Binde-, Gelier- und Dickungsmittel

Hierzu zählen Gelatine, Agar-Agar und pflanzliche Bindemittel auf der Basis von Johannisbrotkernmehl (z.B. Biobin, ohne verwertbare Kohlenhydrate) aus der neutralen Gruppe und Stärke sowie Puddingpulver aus der Kohlenhydratgruppe.

Backhilfsmittel

Hierzu gehören Triebmittel und Salz (Meersalz). Hefe zählt zur neutralen Gruppe. Im vorliegenden Buch wird stets Frischhefe (1 Würfel wiegt 42 g) verwendet, die zunächst als Vorteig mit temperierter Flüssigkeit (und je nach Rezept mit etwas Süßungsmittel) angerührt wird. Hefeteige sollten stets etwas Salz enthalten, das allerdings nicht direkt auf die Hefe oder in den Vorteig gestreut werden darf, da es den Start, der Hefebakterien behindert. Es wird auf das Mehl gegeben und zusammen mit diesem unter den Vorteig gearbeitet. Salz sorgt für eine größere Volumenausbeute bei Hefegebäck und Brot. Backpulver (Weinsteinbackpulver) wird Mürbe- und Rührteigen zugesetzt. Es darf nicht zusammen mit Flüssigkeit zugegeben werden, da sich sonst die Triebkraft vorzeitig entfaltet. Mischen Sie es gleichmäßig unter das Mehl und arbeiten Sie die Mischung erst zuletzt unter den Teig. Pottasche und Hirschhornsalz haben in diesem Buch keine Bedeutung.

Flüssigkeiten

Den Teigen wird vorwiegend Wasser, Milch, gesäuerte Milch oder Sahne zugesetzt. Während Milch zur Eiweißgruppe gerechnet wird, sind Wasser, gesäuerte Milch und Sahne neutral. In Kohlenhydratgebäcken kann man Milch durch eine Mischung aus Sahne und Wasser oder durch Sauermilchprodukte (Joghurt, Buttermilch, Kefir) ersetzen. Für Hefe- und Sauerteig sollten die Flüssigkeiten leicht temperiert sein (ca. 35 °C).

Gewürze und Würzzutaten

Verwendet werden ausschließlich natürliche Gewürze und Aromen, außerdem sind geringe Mengen Rum und andere Spirituosen zum Würzen erlaubt. Es empfiehlt sich, eher kräftig zu würzen, dafür aber nicht zu stark zu süßen. Berücksichtigen Sie beim Würzen, daß auch Nüsse, Mandeln und Trockenfrüchte Würzkraft und Süße mit ins Gebäck bringen, die durch andere Würzzutaten nicht überdeckt werden sollten.

KUCHEN UND TORTEN

In der Trennkost werden sie auf der Basis von Vollkornmehlen zubereitet und mit Honig, Frutilose, Dicksäften und Sirupen gesüßt. Neben den kohlenhydratreichen Gebäcken sind in diesem Kapitel vor allem Eiweißgebäcke und neutrale Torten interessant.

Aprikosen-Sahne-Torte

- Eiweißgericht
- Für etwa 8 Stück
- Zubereitungszeit: ca. $3/4$ Std.
- Zeit zum Kühlen: ca. $5^1/_2$ Std.
- ca. 240 kcal je Stück

Für den Teig:
2 Eier
3 EL Frutilose
100 g gemahlene Haselnüsse
150 g feingeraspelte Karotten

Für den Belag:
300 g vollreife Aprikosen
200 g Magerquark
150 g Vollmilchjoghurt
1 Msp. abgeriebene Schale
einer unbehandelten Orange
75 g Frutilose
4 Blätter weiße Gelatine
100 g Sahne
2 Aprikosen zum Garnieren
evtl. etwas geschlagene Sahne
zum Garnieren

1. Den Backofen auf 180°C vorheizen. Für den Teig die Eier trennen. Die Eiweiße steif schlagen und dann die Frutilose unterrühren. Die Eigelbe hinzufügen und das Ganze rasch verrühren. Nacheinander die Haselnüsse und die Karottenraspel mit einem Schneebesen unter die restliche Masse ziehen .

2. Den Boden einer Springform (18 cm Ø) mit Backpapier belegen, den Tortenring daraufsetzen und verschließen. Den Teig in die Springform geben, glattstreichen und auf der mittleren Einschubleiste 20 bis 25 Minuten backen. Den Boden in der Form auskühlen lassen. Dann aus der Form lösen, das Backpapier abziehen und den Boden auf eine Kuchenplatte setzen. Mit dem Tortenring umschließen.

3. Die Aprikosen halbieren, entsteinen und mit dem Passierstab pürieren. Quark mit Joghurt, Orangenschalenabrieb und Frutilose verrühren. Die Gelatine nach Packungsanweisung auflösen. Einige Eßlöffel Quarkmasse rasch unter die aufgelöste Gelatine mischen, diese Masse dann zügig unter die restliche Quarkmasse rühren. Das Ganze für $1/2$ Stunde kühl stellen und halbfest werden lassen.

4. Die Sahne steif schlagen und unter die Quarkmasse mischen. Die Masse auf dem Kuchenboden verteilen und im Kühlschrank in etwa 5 Stunden fest werden lassen.

5. Vor dem Servieren die restlichen Aprikosen in Spalten schneiden. Die Torte mit Fruchtspalten und eventuell mit Sahnetupfen garnieren.

ZEITINTENSVIV · **FRISCH**

Orangentorte

- Eiweißgericht
- Für etwa 8 Stück
- Zubereitungszeit: ca. $^3/_4$ Std.
- Zeit zum Kühlen: ca. $5^1/_2$ Std.
- ca. 295 kcal je Stück

Für den Teig
2 Eier
1 EL flüssiger Honig
200 g gemahlene Haselnüsse

Für den Belag:
400 g Orangen
4 Blätter weiße Gelatine
200 g Magerquark
100 g Crème double
(stichfeste süße Sahne mit 40 % Fett)
1 Msp. abgeriebene Schale
einer unbehandelten Orange
4 EL Frutilose
1 Orange zum Garnieren

1. Den Backofen auf 180 °C vorheizen. Eine Springform (18 cm Ø) mit Backpapier belegen, den Tortenring daraufsetzen und verschließen. Für den Teig die Eier trennen. Die Eiweiße steif schlagen, dabei den Honig gründlich unterrühren. Dann die Eigelbe daruntermischen und zuletzt die Haselnüsse mit einem Schneebesen unterziehen.

2. Die Masse in die Springform füllen, glattstreichen und auf der mittleren Einschubleiste etwa 20 Minuten backen. Den Boden in der Form erkalten lassen, dann das Backpapier ablösen und den Boden auf eine Kuchenplatte setzen. Mit dem Tortenring umschließen.

3. Die Orangen jeweils schälen, die Filets aus den weißen Trennhäuten lösen und eventuelle Kerne entfernen. Die Gelatine in reichlich kaltem Wasser einweichen. Das Orangenfruchtfleisch pürieren und zusammen mit Quark,

Crème double, Orangenschalenabrieb und Frutilose in eine Schüssel geben. Das Ganze mit einem elektrischen Handrührgerät gut verrühren.

4. Die Gelatine ausdrücken, erhitzen und auflösen. Rasch unter die Quarkmasse rühren. Die Masse für $^1/_2$ Stunde in den Kühlschrank geben und halbfest werden lassen.

5. Die Quarkmasse auf den Kuchenboden geben, glattstreichen und im Kühlschrank in etwa 5 Stunden fest werden lassen.

6. Die restliche Orange schälen, in Scheiben schneiden und eventuelle Kerne entfernen. Die Torte mit Orangenscheiben garnieren und mit einem glatten Messer aus der Form lösen.

Tip:
Mit Gelatine oder anderen Bindemitteln zubereitete Quarkmassen lassen sich leichter aus der Form lösen, wenn Sie das Messer zuvor in kaltes Wasser tauchen. Versuchen Sie den unteren Teil der Torte zuerst zu lösen und öffnen Sie dann vorsichtig den Tortenring. Wenn die Masse zu sehr am Tortenring haftet, müssen Sie mit dem Messer nachhelfen. Dabei das Messer möglichst senkrecht halten, damit Sie in der Masse keine Löcher verursachen.

Variationen:
Statt der Orangen können Sie auch kernlose Mandarinen verwenden. Besonders hübsch sieht es aus, wenn Sie die Torte mit Sahnetupfen verzieren und den Rand mit blättriggeschnittenen Haselnüssen bestreuen.

Erdbeer-Sahne-Torte

- Eiweißgericht
- Für etwa 8 Stück
- Zubereitungszeit. ca. 40 Min.
- Zeit zum Kühlen: ca. 5$\frac{1}{2}$ Std.
- ca. 325 kcal je Stück

Für den Teig:
2 Eier, 4 EL Apfel- oder Birnendicksaft
200 g gemahlene Mandeln

Für den Belag:
300 g vollreife Erdbeeren
200 g Speisequark (20 % F. i. Tr.)
150 g Vollmilchjoghurt
4 EL Apfel- oder Birnendicksaft
4–5 Blätter weiße Gelatine
100 g Sahne, 30 g Mandelblättchen
geschlagene Sahne zum Garnieren

1. Den Backofen auf 180 °C vorheizen. Eine Springform (18 cm Ø) mit Backpapier auslegen. Eier trennen, Eiweiße steif schlagen, dabei den Dicksaft untermischen. Eigelbe und Mandeln unterrühren. Teig in die Form füllen und etwa 20 Minuten backen. Dann herauslösen, Papier abziehen und mit dem Tortenring umschließen.

2. 100 g Erdbeeren in Scheiben schneiden und schuppenartig auf den Kuchenboden legen. Restliche Erdbeeren pürieren und mit Quark, Joghurt sowie Dicksaft verrühren. Die Gelatine nach Packungsanweisung auflösen und unter die Quarkmasse rühren. In $\frac{1}{2}$ Stunde im Kühlschrank halbfest werden lassen.

3. Sahne steif schlagen und unter die Quarkmasse mischen. Auf den Erdbeeren verteilen. In 5 Stunden im Kühlschrank fest werden lassen, den Tortenrand mit Mandeln bestreuen. Die Torte mit geschlagener Sahne garnieren.
(auf dem Foto oben)

Beerentorte

- Eiweißgericht
- Für etwa 8 Stück
- Zubereitungszeit: ca. 40 Min.
- Zeit zum Kühlen: ca. 20 Min.
- ca. 175 kcal je Stück

Für den Teig:
2 Eier, 1 Prise Meersalz
3 EL flüssiger Honig
150 g gemahlene Mandeln
2 ML Biobin

Für den Belag:
400 g frische Beerenfrüchte
(Erdbeeren, Himbeeren, Brombeeren,
Johannisbeeren)
1 Blatt weiße Gelatine
100 ml klarer Apfelsaft

1. Den Backofen auf 180 °C vorheizen. Eine Springform (18 cm Ø) mit Backpapier auslegen. Eier trennen und Eiweiße zusammen mit dem Salz steif schlagen, den Honig unterrühren, dann die Eigelbe nacheinander unterziehen. Die Mandeln mit Biobin vermischen und mit dem Schneebesen locker untermengen.

2. Den Teig in die Form füllen, glattstreichen und 20 Minuten backen. In der Form erkalten lassen. Aus der Form lösen, auf eine Platte setzen und mit dem Tortenring umschließen.

3. Den Boden dicht mit Beeren belegen, große Erdbeeren halbieren oder vierteln. Die Gelatine nach Packungsanweisung einweichen und den Apfelsaft erwärmen. Die Gelatine ausdrücken und im Apfelsaft auflösen. Die Masse über den Beeren verteilen und erstarren lassen. Den Tortenring entfernen.
(auf dem Foto unten)

ZEITINTENSIV · FRISCH

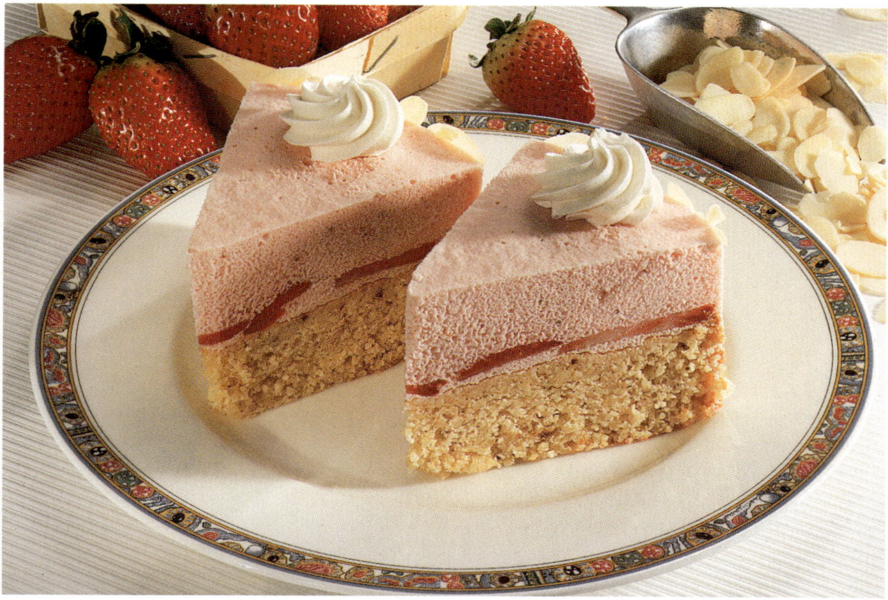

BRAUCHT ZEIT · FRUCHTIG

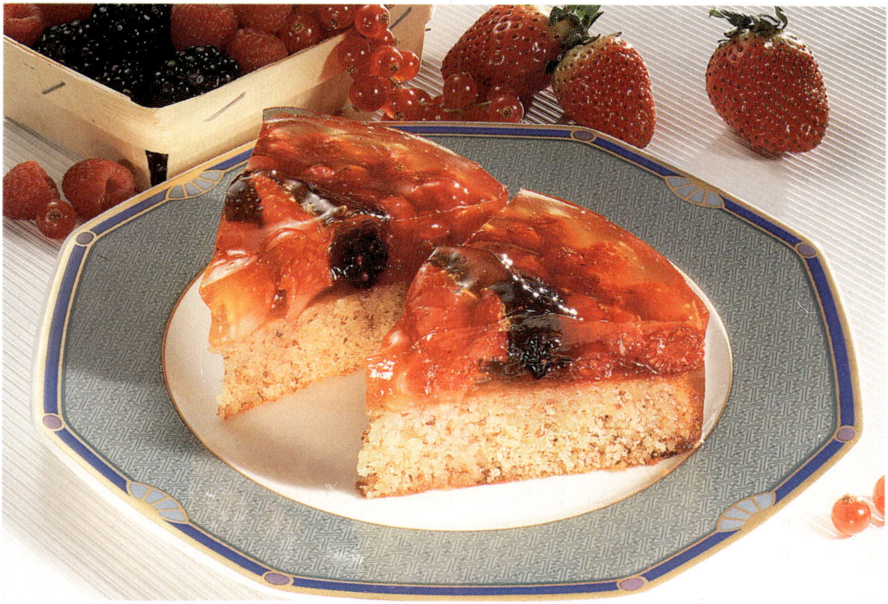

Käsetorte ohne Boden

- Eiweißgericht
- Für etwa 8 Stück
- Zubereitungszeit: ca. $1^1/_4$ Std.
- ca. 100 kcal je Stück

250 g Magerquark
100 g Vollmilchjoghurt
90 g Frutilose
Saft von $^1/_2$ Zitrone
3–4 ML Biobin
1 Eigelb
(von einem Ei der Gewichtsklasse 3)
Butter für die Form
30 g Mandelblättchen
2 Eiweiß
(von Eiern der Gewichtsklasse 3)

1. Den Backofen auf 200 °C vorheizen. Den Quark mit Joghurt, Frutilose und Zitronensaft gut verrühren, dann das Biobin und das Eigelb gründlich unterrühren.

2. Eine Springform (18 cm Ø) mit Butter ausstreichen und den Boden mit Mandelblättchen bestreuen.

3. Die Eiweiße sehr steif schlagen und unter die Quarkmasse heben. Diese in die Springform füllen, glattstreichen und auf der mittleren Einschubleiste etwa $^1/_2$ Stunde backen. Dann die Backofenhitze reduzieren und die Torte bei 180 °C nochmals 15 bis 20 Minuten backen. Die Torte in der Form erkalten lassen.

Quarktorte mit Kirschen

▨ Eiweißgericht

▨ Für etwa 8 Stück

▨ Zubereitungszeit: ca. $1^1/_4$ Std.

▨ ca. 180 kcal je Stück

250 g Magerquark
150 g Schmand (24 % Fett)
2 Eier
100 g Apfeldicksaft
4–5 ML Biobin
1 Spritzer Zitronensaft
Butter für die Form
50 g gemahlene Walnüsse oder
Mandeln
150 g entsteinte Süßkirschen

1. Den Backofen auf 200 °C vorheizen. Den Quark mit dem Schmand glattrühren. Die Eier trennen. Eigelbe zusammen mit Apfeldicksaft, Biobin und Zitronensaft zur Quarkmasse geben und das Ganze gut verrühren.

2. Eine Springform (18 cm Ø) mit Butter ausstreichen den Boden mit gemahlenen Nüssen oder Mandeln bestreuen. Die Eiweiße sehr steif schlagen und unter die Quarkmasse heben.

3. Die Quarkmasse in die Springform füllen, die Kirschen darauf verteilen und leicht eindrücken. Die Torte auf der mittleren Einschubleiste etwa 1 Stunde backen. In der Form erkalten lassen, dann die Torte mit Hilfe eines glatten, spitzen Messers aus der Form lösen.

Heidelbeertorte

▦ Neutrales Gericht

▦ Für etwa 8 Stück

▦ Zubereitungszeit: ca. $^1/_2$ Std.

▦ Zeit zum Kühlen: ca. $4^1/_2$ Std.

▦ ca. 190 kcal je Stück

100 g Mandelblättchen
200 g Magerquark
150 g Vollmilchjoghurt
70 g Frutilose
200 g Heidelbeeren
4 Blätter weiße Gelatine
100 g Sahne

1. Die Mandelblättchen in einer beschichteten Pfanne ohne Fettzugabe anrösten und diese auf den Boden einer Springform (18 cm Ø) streuen.

2. Den Quark mit dem Joghurt und der Frutilose verrühren. Die Heidelbeeren grob mit einer Gabel zerdrücken und unter den Quark mischen. Die Gelatine in reichlich kaltem Wasser einweichen.

3. Die Gelatine ausdrücken, erhitzen, auflösen und dann zügig unter die Quarkmasse rühren. Das Ganze in $^1/_2$ Stunde im Kühlschrank halbfest werden lassen.

4. Die Sahne steif schlagen und mit dem Schneebesen gleichmäßig unter die Quarkmasse ziehen. Die Masse auf den Mandelboden geben, glattstreichen und im Kühlschrank in etwa 4 Stunden schnittfest werden lassen.

Malagatorte

- Neutrales Gericht
- Für etwa 8 Stück
- Zubereitungszeit: ca. 20 Min.
- Zeit zum Einweichen: über Nacht
- Zeit zum Kühlen: ca. $4^1/_2$ Std.
- ca. 250 kcal je Stück

50 g ungeschwefelte Rosinen
4 EL Malaga (süßer spanischer Wein)
oder Rum
200 g Doppelrahmfrischkäse
(60 % F. i. Tr.)
100 g Vollmilchjoghurt
70 g Frutilose
3 Blätter weiße Gelatine
200 g Sahne
40 g Mandelblättchen

1. Rosinen heiß waschen und auf Küchenkrepp abtropfen lassen. In einer Schüssel über Nacht in Malagawein oder in Rum einweichen.

2. Den Doppelrahmfrischkäse durchrühren. Dann den Joghurt sowie die Frutilose daruntermischen. Die Rosinen abtropfen lassen, dabei Malagawein oder Rum auffangen und den Alkohol unter die Käsemasse rühren.

3. Die Gelatine nach Packunganweisung auflösen und zügig unter die Käsemasse mischen. Die Masse für $^1/_2$ Stunde kühl stellen.

4. Die Sahne steif schlagen. Die Mandelblättchen in einer beschichteten Pfanne ohne Fettzugabe anrösten und den Boden einer Springform (18 cm Ø) damit dicht bestreuen.

5. Die Rosinen zusammen mit zwei Dritteln der Sahne mit dem Schneebesen gleichmäßig unter die Käsemasse ziehen. Die Creme in die Springform füllen, glattstreichen und in 4 Stunden im Kühlschrank fest werden lassen. Mit der restlichen Sahne garnieren.

Apfeltorte

- Kohlenhydratgericht
- Für etwa 8 Stück
- Zubereitungszeit: ca. 1 Std
- ca. 260 kcal je Stück

Für den Teig:
175 g feines Weizenvollkornmehl
1 Prise Meersalz
1 Eigelb
(von einem Ei der Gewichtsklasse 3)
1 EL saure Sahne (10 % Fett)
3 EL Apfel- oder Birnendicksaft
1 EL Rum
60 g kalte Butter oder
Pflanzenmargarine
50 g feingemahlene Haselnüsse
zum Ausrollen des Teiges

Für die Füllung:
500 g mürbe Äpfel (z.B. Boskoop)
125 g saure Sahne
1 Eigelb
(von einem Ei der Gewichtsklasse 3)
1 EL flüssiger Honig

1. Das Mehl in einer Schüssel mit dem Salz vermischen. Das Eigelb mit 1 Eßlöffel saurer Sahne, Apfel- oder Birnendicksaft sowie Rum verrühren und unter das Mehl mengen.

2. Die kalte Butter oder Pflanzenmargarine in Stückchen darübergeben und das Ganze mit den Händen zu einem glatten Teig verkneten. Den Teig bis zur Weiterverarbeitung in den Kühlschrank geben.

3. Die Äpfel schälen und mit einem Apfelausstecher das Kerngehäuse entfernen. Die Äpfel quer in Ringe schneiden.

4. Zwei Drittel des kühl gestellten Teiges zu einem Fladen formen, diesen in gemahlenen Nüssen wenden und auf dem Boden einer Springform (18 cm Ø) ausrollen.

5. Den restlichen Teig ebenfalls auf einer mit gemahlenen Nüssen bestreuen Arbeitsplatte ausrollen und mit dem Teigrädchen etwa 3 cm breite Streifen für den Tortenrand ausradeln. Den Tortenring um den Boden legen, verschließen und die Teigstreifen als Rand daran festdrücken.

6. Den Backofen auf 200 °C vorheizen. Die Apfelringe kreisförmig und schuppenartig auf dem Teigboden anordnen. Das Eigelb mit der sauren Sahne und der Hälfte des Honigs glattrühren und die Masse über den Äpfeln verteilen. Den restlichen Honig darüberträufeln.

7. Aus dem übrigen Teig schmale Streifen ausradeln und diese gitterförmig auf die Äpfel legen, am Rand andrücken. Die Torte in den Ofen geben und etwa $1/2$ Stunde backen. In der Form erkalten lassen.

Tip:
Nach Belieben können Sie zusätzlich noch 3 Eßlöffel ungeschwefelte, eingeweichte Rosinen über die Äpfel streuen.

Quarktorte mit Rosinen

- Kohlenhydratgericht
- Für etwa 8 Stück
- Zubereitungszeit: ca. 1 Std
- ca. 305 kcal pro Stück

Für den Teig:
140 g feines Weizenvollkornmehl
1 Prise Meersalz
1 Eigelb
1 EL saure Sahne
3 EL Frutilose
1 EL Rum
45 g kalte Butter
75 g feingemahlene, geschälte
Mandeln zum Ausrollen des Teiges

Für den Belag:
50 g ungeschwefelte Rosinen
250 g Magerquark
120 g saure Sahne
100 g Frutilose
2 Eigelb
2 EL ungefärbtes Vanillepuddingpulver

1. Den Backofen auf 200 °C vorheizen. Die Teigzutaten rasch miteinander verkneten. Eine Arbeitsfläche mit gemahlenen Mandeln bestreuen und zwei Drittel des Teiges darauf zu einer Platte von 18 cm Ø ausrollen.

2. Die Teigplatte in eine Springform legen, aus dem restlichen Teig eine Rolle formen und diese als etwa 3 cm hohen Rand in die Form geben. Das Ganze im Ofen etwa 10 Minuten vorbacken.

3. Die Rosinen auf den vorgebackenen Teigboden streuen. Die Zutaten für den Belag gut miteinander verrühren, dann die Quarkmasse auf den Teigboden geben. Die Torte bei 180 °C etwa 1 Stunde backen. In der Form erkalten lassen.

(auf dem Foto oben)

Bananen-Apfel-Tarte

- Kohlenhydratgericht
- Für etwa 8 Stück
- Zubereitungszeit: ca. 50 Min.
- Zeit zum Ruhen: ca. 1 Std.
- ca. 270 kcal je Stück

150 g feines Weizenvollkornmehl
1 Prise Meersalz
80 g Zuckerrübensirup
1 Eigelb , 2 EL saure Sahne
80 g kalte Butter in Flöckchen
ca. 500 g getrocknete Erbsen
zum Blindbacken
300 g süße, mürbe Äpfel, 2 cl Rum
3 Blätter weiße Gelatine,
600 g Bananen
1 EL gehackte Pinienkerne

1. Mehl, Salz, 5 Eßlöffel Zuckerrübensirup, Eigelb, saure Sahne und Butterflöckchen rasch zu einem Teig verarbeiten, ihn in Folie wickeln und für 1 Stunde kühl stellen.

2. Backofen auf 200 °C vorheizen. Teig dünn ausrollen, in eine Pieform (28 cm Ø) legen, dabei den Rand hochziehen. Pergamentpapier darauf legen, mit Erbsen beschweren und den Teig etwa 20 Minuten blindbacken. Erbsen und Papier entfernen.

3. Äpfel schälen, halbieren, das Kerngehäuse entfernen und die Früchte kleinschneiden. Zusammen mit restlichem Zuckerrübensirup und 100 ml Wasser zu Mus kochen, dann den Rum dazugeben. Gelatine nach Vorschrift quellen lassen, dann im heißen Mus auflösen.

4. Bananen schälen, in Scheiben schneiden und diese schuppenartig auf den Tarteboden legen. Das Apfelmus darüber verteilen und den Kuchen kühl stellen. Mit gehackten Pinienkernen bestreuen.

(auf dem Foto unten)

BRAUCHT ZEIT · FRISCH

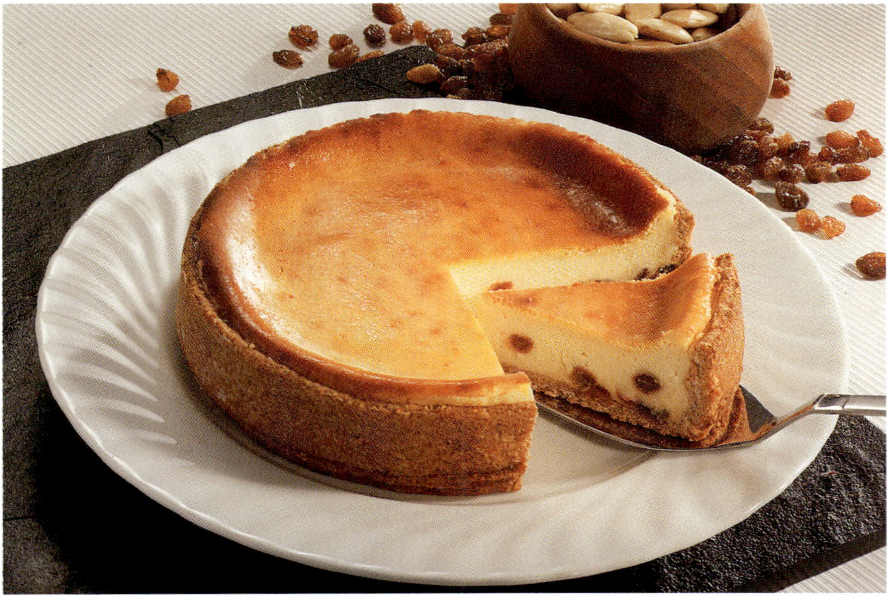

ZEITINTENSIV · FRUCHTIG

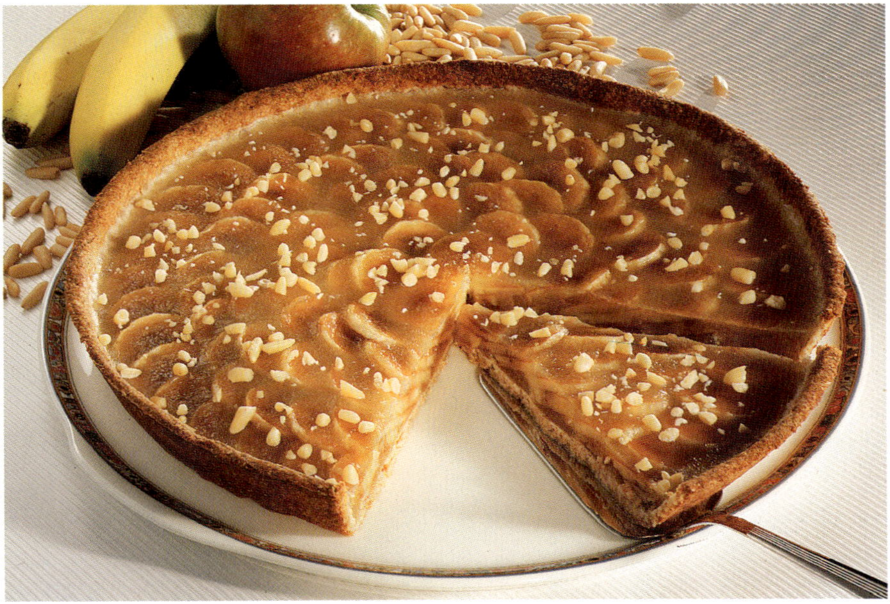

Apfelstrudel

- Kohlenhydratgericht
- Für etwa 8 Stück
- Zubereitungszeit: ca. 1 Std. 20 Min.
- Zeit zum Ruhen: ca. $1/2$ Std.
- ca. 205 kcal je Stück

Für den Strudelteig:
150 g feines Weizenvollkornmehl
60 ml warmes Wasser
3 EL flüssige Butter
2 EL Zuckerrübensirup
1 Prise Meersalz
feines Weizenvollkornmehl
zum Bestäuben und zum Ausrollen
1 EL flüssige Butter zum Bestreichen
3 EL Vollkornzwiebackbrösel

Für die Füllung:
500 g mürbe Äpfel
(z.B. Boskoop, Morgenduft)
$1/2$ TL Zimtpulver
50 g Rosinen
50 g gehackte Mandeln
Butter für das Blech
und zum Bestreichen

1. Die Teigzutaten zusammen in eine Schüssel geben und mit dem Knethaken des elektrischen Handrührgeräts gut verkneten, bis sich der Teig vom Schüsselrand löst. Ihn dann auf einem Backbrett nochmals gründlich durchkneten, zur Kugel formen und unter einer heiß ausgespülten, nassen Schüssel (am besten aus Cromargan) $1/2$ Stunde ruhen lassen.

2. Ein großes Küchentuch auf das Backbrett legen, dieses mit Mehl bestäuben und den Teig darauf so dünn wie möglich ausrollen.

3. Den Teig mit den Fingerspitzen an den Längsseiten anfassen und in die Länge und Breite ziehen. Vorsichtig mit den Handrücken darunterfassen und den Teig gleichmäßig dünn zu einem Rechteck ausziehen. Das Rechteck mit Butter bestreichen und mit Zwiebackbröseln bestreuen.

4. Den Backofen auf 200 °C vorheizen. Die Äpfel schälen, vierteln und das Kerngehäuse entfernen. Das Fruchtfleisch in dünne Spalten schneiden und diese auf dem Teig verteilen. Zimtpulver, Rosinen und Mandeln darüberstreuen.

5. Dann die Teigränder einschlagen und den Teig mit Hilfe des Tuches von der Längsseite her locker aufrollen, dabei die Enden gut zusammendrücken.

6. Ein Backblech mit Butter bestreichen. Den Strudel auf das Blech setzen, in den Ofen geben und etwa 50 Minuten backen. Zwischendurch mit etwas Butter bestreichen.

Tip:
Servieren Sie den Strudel frisch, er darf noch warm sein. Dazu paßt geschlagene Sahne.

Variation:
Noch saftiger wird der Strudel, wenn Sie 150 g saure Sahne mit 2 Eigelben verquirlen und die Masse über die Äpfel geben.

Buttermilchzopf

- Kohlenhydratgericht
- Für etwa 16 Scheiben
- Zubereitungszeit: ca. 50 Min.
- Zeit zum Gehen: ca. 40 Min.
- ca. 235 kcal je Scheibe

1 Würfel Hefe (42 g)
250 ml lauwarme Buttermilch
50 g Zuckerrübensirup (Rübenkraut)
150 g weiche Butter
1 Eigelb
600 g Weizenvollkornmehl
1 Prise Meersalz
$1/4$ TL gemahlenes Kardamom
1 Msp. gemahlene Gewürznelken
1 Eigelb und 1 EL Sahne
zum Bestreichen
2 EL Mandelblättchen zum Bestreuen

1. Die Hefe zerbröckeln und in der Buttermilch auflösen. Zuckerrübensirup, Butter und Eigelb dazugeben und gründlich verrühren. Dann Mehl, Salz und Gewürze so lange einarbeiten bis ein geschmeidiger Teig entsteht.

2. Den Teig zugedeckt bei 50 °C im Backofen $1/4$ Stunde gehen lassen, ihn dann durchkneten und nochmals $1/4$ Stunde gehen lassen.

3. Den Teig mit bemehlten Händen zu drei gleichlangen Rollen formen und diese zu einem Zopf flechten. Die Enden gut zusammendrücken und unter den Zopf schlagen. Den Zopf 10 Minuten gehen lassen.

4. Den Backofen auf 180 °C vorheizen. Ein Blech mit Backpapier auslegen und den Zopf daraufsetzen. Eigelb mit Sahne verquirlen, den Zopf damit bestreichen und mit Mandelblättchen bestreuen. Auf der mittleren Einschubleiste $1/2$ Stunde backen.
(auf dem Foto oben)

Rosinengugelhupf

- Kohlenhydratgericht
- Für etwa 8 Stück
- Zubereitungszeit. ca. 50 Min.
- Zeit zum Ruhen: ca. 4 Std.
- Zeit zum Durchziehen: 3 Tage
- ca. 215 kcal je Stück

175 g Weizenvollkornmehl
1 Prise Meersalz, 10 g Hefe
5 EL Frutilose, 5 EL Ahornsirup
125 ml lauwarme Buttermilch
50 g warme, flüssige Butter
1 EL Lebkuchengewürz
2 cl brauner Rum
100 g ungeschwefelte Rosinen
Butter und Zwiebackbrösel für die Form
4 cl brauner Rum zum Tränken

1. Mehl mit Salz in einer Schüssel mischen und in die Mitte eine Vertiefung drücken. Hefe mit Frutilose, Ahornsirup und Buttermilch vermischen, in die Vertiefung geben und $1/2$ Stunde gehen lassen.

2. Vom Rand etwas Mehl unterrühren und die Butter sowie das Lebkuchengewürz untermengen. Den Vorteig nochmals 1 Stunde ruhen lassen. Restliches Mehl einarbeiten, Rum untermischen und das Ganze mit der Gabel kräftig schlagen, bis der Teig Blasen wirft. Die Rosinen unterziehen. Nochmals 1 Stunde ruhen lassen. Eine Gugelhupfform mit Butter ausfetten und mit Bröseln ausstreuen.

3. Den Teig einfüllen und nochmals 1 Stunde gehen lassen. Den Backofen auf 180 °C vorheizen. Den Gugelhupf 35 Minuten backen und im ausgeschalteten Ofen 5 Minuten ruhen lassen. Auf ein Kuchengitter stürzen, etwas abkühlen lassen, zurück in die Form gehen und mit Rum beträufeln. Mit Alufolie abdecken und 3 Tage durchziehen lassen.
(auf dem Foto unten)

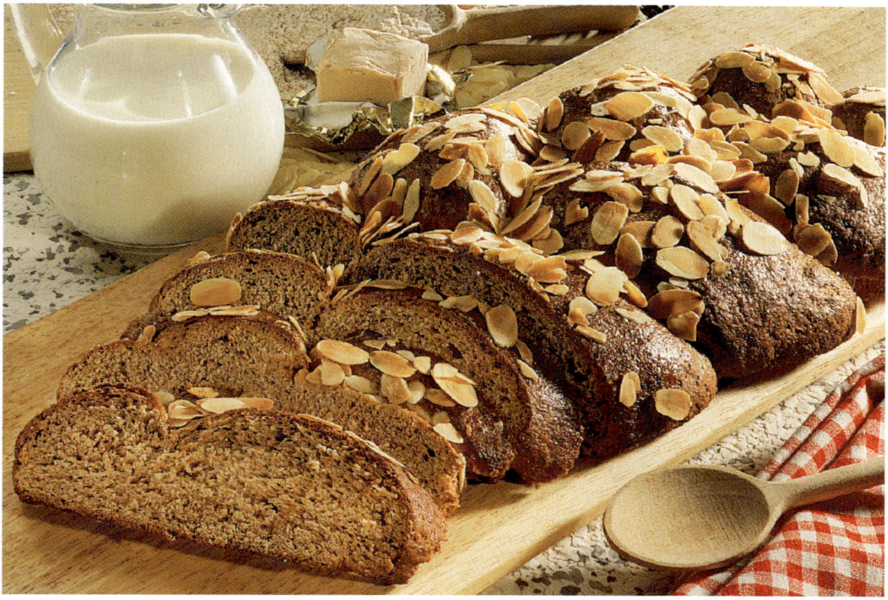

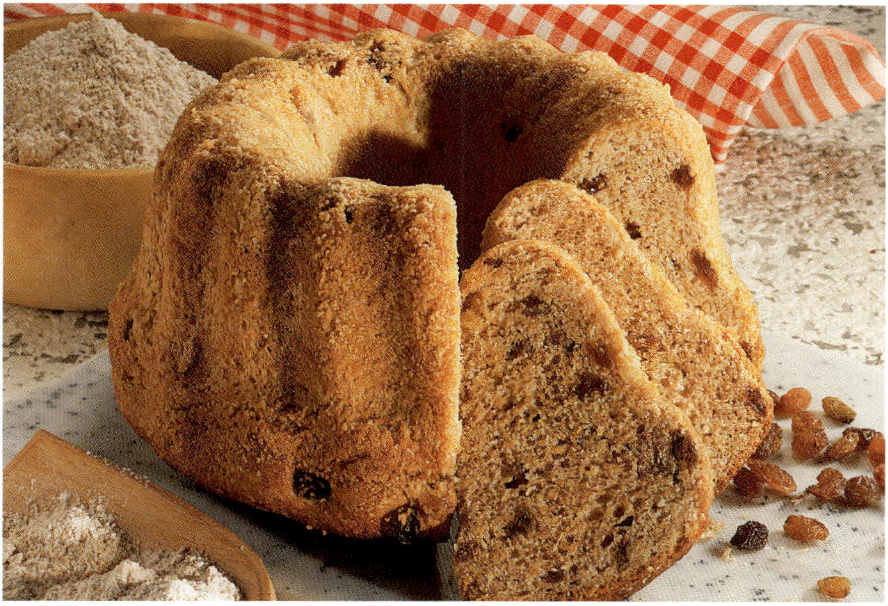

Bananentorte

- Kohlenhydratgericht
- Für etwa 8 Stücke
- Zubereitungszeit: ca. 40 Min.
- ca. 240 kcal je Stück

Für den Teig:
60 g feines Buchweizenvollkornmehl
1 Msp. Weinsteinbackpulver
1 Eigelb , 60 g Ahornsirup
35 g flüssige Butter
60 g saure Sahne
50 g gemahlene Haselnüsse
Butter und Buchweizenvollkornmehl
für die Form

Für den Belag:
200 g Sahne
1 EL Ahornsirup
200 g Bananen

1. Backofen auf 180 °C vorheizen Buchweizenmehl mit Backpulver in einer Schüssel mischen, in die Mitte Eigelb und Ahornsirup geben und gut miteinander verrühren. Flüssige Butter und saure Sahne mit dem elektrischen Handrührgerät untermischen und zuletzt die Nüsse unterziehen.

2. Eine Springform (18 cm Ø) mit Butter ausstreichen und mit Buchweizenmehl ausstreuen. Den Teig einfüllen, mit einem in kaltes Wasser getauchten Löffel glattstreichen und den Kuchenboden etwa $1/4$ Stunde backen. Heiß aus der Form lösen und auf einem Kuchengitter erkalten lassen.

3. Die Sahne steif schlagen und mit Ahornsirup süßen. Einen Teil dünn auf den Kuchenboden streichen. Die Bananen schälen, in Scheiben schneiden und sie auf den Boden legen. Mit der restlichen Sahne garnieren.
(auf dem Foto: oben)

Karotten-Nuß-Torte

- Kohlenhydratgericht
- Für etwa 8 Stück
- Zubereitungszeit: ca. 1 Std. 20 Min.
- ca. 205 kcal je Stück

2 Eigelb
90 g Ahornsirup
150 g Vollmilchjoghurt
50 g gemahlene Haselnüsse
2 EL feines Buchweizenvollkornmehl
2 TL Weinsteinbackpulver
100 g feingeraspelte Karotten
200 g Sahne
1 TL flüssiger Honig
8 Haselnußkerne zum Garnieren

1. Den Backofen auf 180 °C vorheizen. Die Eigelbe und den Ahornsirup in ein Rührgefäß geben und mit dem elektrischen Handrührgerät so lange schlagen, bis die Masse hellgelb und cremig ist.

2. Den Joghurt unterrühren. Die Haselnüsse mit dem Buchweizenmehl und dem Backpulver mischen und darunterrühren, dann die geraspelten Karotten unterheben.

3. Eine Springform (18 cm Ø) mit Backpapier auslegen, den Teig einfüllen, glattstreichen und 70 Minuten backen. In der Form erkalten lassen, dann auf eine Platte stürzen.

4. Die Torte quer durchschneiden. Die Sahne steif schlagen und mit Honig süßen, dann die Torte damit füllen, sie rundherum mit Sahne bestreichen und mit Sahnetupfern und Haselnußkernen garnieren.
(auf dem Foto: unten)

PLÄTZCHEN UND KLEINGEBÄCK

In diesem Kapitel geht es vorwiegend um Kohlenhydratgerichte, weil die meisten Backrezepte ganz ohne Mehl nicht machbar sind. Einige Vorschläge können auch als Dessert serviert werden.

Heidesand

- Kohlenhydratgericht
- Für etwa 45 Stück
- Zubereitungszeit: ca. $1/2$ Std.
- Zeit zum Abkühlen: ca. $3/4$ Std
- ca. 35 kcal je Stück

100 g Butter
100 g flüssiger Waldhonig
1 Stückchen Vanilleschote (3 cm)
1 EL Naturjoghurt
150 g feines Weizenvollkornmehl
Weizenvollkornmehl
für die Arbeitsfläche

1. Die Butter in einer Kasserolle erhitzen und etwa 2 Minuten bei mäßiger Hitze aufschäumen lassen. Dann vom Herd nehmen und etwas abkühlen lassen. In die noch warme Butter den Honig einrühren und die Masse im kalten Wasserbad abkühlen lassen.

2. Die Masse mit dem elektrischen Handrührgerät kräftig rühren, bis sie hell und cremig ist. Die Vanilleschote längs aufschneiden, das Mark herausschaben und zusammen mit dem Joghurt unter die Butter- Honig-Masse rühren.

3. Zwei Drittel des Mehles unterrühren, den Teig auf eine bemehlte Arbeitsfläche geben und das restliche Mehl rasch mit den Händen unterkneten. Den Teig zu Rollen mit jeweils etwa 2 cm Ø formen, diese in Pergamentpapier einschlagen und für $1/2$ Stunde kühl stellen.

4. Den Backofen auf 180 °C vorheizen. Die Teigrollen in $1/2$ cm dicke Scheiben schneiden. Ein Backblech mit Backpapier auslegen, die Plätzchen daraufsetzen und mit einer Gabel ein Streifenmuster eindrücken. Die Plätzchen 12 bis 15 Minuten auf der mittleren Einschubleiste backen.

Variation:

Feine Gewürzkekse erhalten Sie, wenn Sie noch Lebkuchengewürz unter den Teig mengen. In diesem Fall rollen Sie den Teig auf geriebenen Nüssen $1/2$ cm dick aus und stechen mit einem Ausstechförmchen runde Kekse oder Rauten aus. Bewahren Sie die Plätzchen in einer halbgeöffneten Blechdose auf. Sie schmecken nach 2 Wochen bis 3 Wochen am besten.

Aprikosenhütchen

- Kohlenhydratgericht
- Für etwa 20 Stück
- Zubereitungszeit: ca. $^1/_2$ Std.
- Zeit zum Kühlen: ca. $^1/_2$ Std.
- ca. 85 kcal je Stück

  **125 g getrocknete,
  ungeschwefelte Aprikosen
  2 cl Rum
  50 g weiche Butter
  100 g flüssiger Honig
  2 Eigelb
  $^1/_2$ TL Lebkuchengewürz
  150 g feines Weizenvollkornmehl
  Weizenvollkornmehl zum Ausrollen**

1. Die Aprikosen halbieren, das Fruchtfleisch durch den Fleischwolf drehen und mit Rum mischen. Die Butter schaumig rühren, dabei den Honig dazugeben. Dann die Eigelbe und das Lebkuchengewürz unterrühren.

2. Zwei Drittel der Mehlmenge untermengen, den Rest auf eine Arbeitsfläche streuen. Den Teig daraufgeben und mit dem Mehl verkneten. In Alufolie einschlagen und für $^1/_2$ Stunde kühl stellen.

3. Den Backofen auf 180 °C vorheizen und ein Blech mit Backpapier auslegen. Den Teig auf leicht bemehlter Arbeitsfläche 3 bis 4 mm dick ausrollen und mit einem runden Förmchen oder einem Glas 20 Plätzchen von 4 cm Ø ausstechen. Auf die Hälfte der Plätzchen je 1 Teelöffel Aprikosenmasse setzen, jeweils ein anderes Plätzchen darauflegen und die Ränder zusammendrücken. Die Plätzchen auf das Blech setzen und etwa $^1/_4$ Stunde backen.
(auf dem Foto oben)

Mandelspritzgebäck

- Kohlenhydratgericht
- Für etwa 40 Stück
- Zubereitungszeit: ca. $^1/_2$ Std.
- Zeit zum Kühlen: ca. $^1/_2$ Std.
- ca. 40 kcal je Stück

  **65 g Butter
  80 g heller Blütenhonig (z.B. Rapshonig)
  2 kleine Eigelb
  1 Stückchen Vanilleschote (2 cm)
  70 g geschälte, feinge-
  mahlene Mandeln
  90 g Weizenvollkornmehl**

1. In einem Rührgefäß die Butter schaumig schlagen und den flüssigen Honig kräftig unterrühren. Die Eigelbe hinzufügen und die Masse cremig rühren.

2. Die Vanilleschote ausschaben und das Mark zusammen mit den Mandeln unterrühren. Das Mehl nach und nach unterrühren. Den Teig für $^1/_2$ Stunde kühl stellen.

3. Den Backofen auf 180 °C vorheizen und ein Blech mit Backpapier auslegen. Den Teig in eine Tortenspritze oder in einen Spritzbeutel mit großer gezackter Tülle füllen und auf das Backpapier Figuren (Ringe, Stäbchen, S-Formen, Rosetten) spritzen. Die Plätzchen 10 bis 12 Minuten backen.
(auf dem Foto unten)

BRAUCHT ZEIT · FRUCHTIG

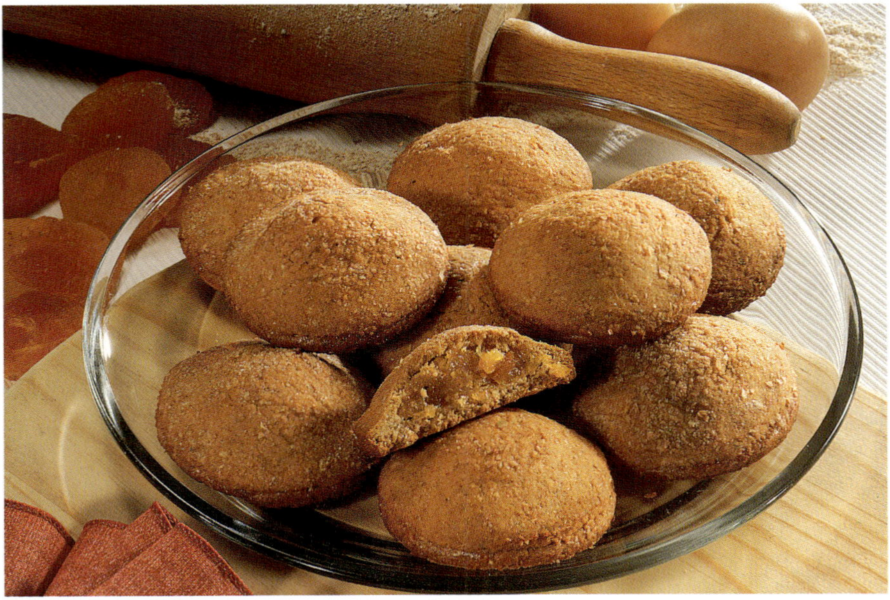

BRAUCHT ZEIT · ZART

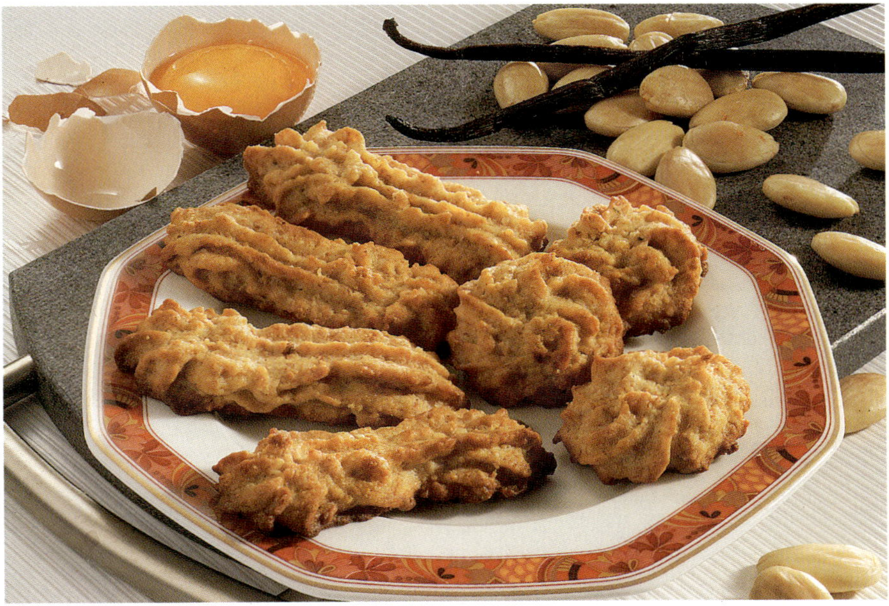

Kleine Vollkornkrapfen

- Kohlenhydratgericht
- Für etwa 10 Stück
- Zubereitungszeit. ca. 40 Min.
- Zeit zum Gehen: ca. $1^1/_4$ Std.
- ca. 170 kcal je Stück

80 g ungeschwefelte Rosinen
2 cl Rum
1 Msp. Zimtpulver
250 g Weizenvollkornmehl
20 g Hefe
125 ml lauwarme Buttermilch
50 ml Birnendicksaft
1 Prise Salz
3 EL flüssige, warme Butter
Buttermilch zum Bestreichen
Fritierfett zum Ausbacken

1. Die Rosinen auf einem Sieb heiß waschen, trockentupfen, in einer Schüssel im Rum einweichen und mit Zimtpulver bestäuben. Das Mehl in eine Schüssel geben, in die Mitte eine Mulde drücken und die Hefe hineinkrümeln.

2. Buttermilch mit Birnendicksaft verrühren und darübergeben. Die Hefe leicht mit der Flüssigkeit verrühren und den Vorteig an einem warmen Ort $1/_4$ Stunde gehen lassen.

3. Mit einer Gabel das Mehl und das Salz nach und nach unter den Vorteig mischen, dabei kräftig schlagen. Den Teig an einem warmen Ort zugedeckt etwa 25 Minuten gehen lassen.

4. Ihn dann kräftig durchkneten, dabei eventuell noch etwas Mehl zufügen. Den Teig zu einer Kugel formen und nochmals zugedeckt 20 Minuten gehen lassen.

5. Eine Arbeitsfläche mit Mehl bestäuben und den Teig darauf etwa 1 cm dick ausrollen. Mit einem runden Förmchen von 6 cm Ø etwa 20 Kreise ausstechen. Diese nochmals $1/_4$ Stunde gehen lassen.

6. Auf 10 Kreise jeweils ein Häufchen Rumrosinen setzen, die Ränder mit Buttermilch bestreichen und die anderen Kreise daraufsetzen. Die Ränder jeweils gut zusammendrücken.

7. In einem Topf reichlich Fritierfett erhitzen und die Krapfen darin einzeln von beiden Seiten ausbacken. Auf Küchenpapier abtropfen lassen und sofort servieren.

Tip:
Dazu paßt geschlagene Sahne.

Variation:
Sie können aus dem Teig auch 20 Sahnekrapfen ohne Rosinen backen. Diese bestehen aus nur einem Teigplätzchen und gehen beim Ausbacken genauso gut auf. Kurz vor dem Servieren werden sie mit Schlagsahne gefüllt. Hierfür füllen Sie die Sahne in eine lange, schmale Spritztülle und spritzen jeweils etwas davon in die Krapfen. Sie können die Sahne leicht süßen und sie zusätzlich mit Vanilleschotenmark oder etwas Zimtpulver verfeinern.

Apfelschnecken

- Kohlenhydratgericht
- Für etwa 10 Stück
- Zubereitungszeit: ca. 1 Std.
- Zeit zum Gehen: ca. 1 Std.
- ca. 165 kcal je Stück

Für den Teig:
200 g Weizenvollkornmehl
15 g Hefe, 50 ml Birnendicksaft
100 ml lauwarme Buttermilch
1 Prise Salz, 2 EL flüssige Butter
Weizenvollkornmehl zum Ausrollen

Für die Füllung:
500 g mürbe Äpfel (z.B. Boskoop)
50 g ungeschwefelte Rosinen
2 cl Rum, 1 Msp. Zimtpulver
1 EL Ahornsirup
3 EL flüssige Butter

1. Mehl in eine Schüssel geben, eine Mulde eindrücken und Hefe hineinkrümeln. Dicksaft mit Buttermilch sowie Salz verrühren und dazugeben. Hefe mit der Flüssigkeit verrühren und den Vorteig $1/4$ Stunde gehen lassen. Mehl unter den Vorteig schlagen. Butter unterrühren und restliches Mehl unterkneten. Zugedeckt an einem warmen Ort $1/2$ Stunde gehen lassen.

2. Äpfel schälen, halbieren, vom Kerngehäuse befreien und das Fruchtfleisch würfeln. In einer Schüssel mit Rosinen, Rum, Zimtpulver und Ahornsirup mischen.

3. Den Teig durchkneten und auf bemehlter Arbeitsfläche zu einem Rechteck ausrollen. Die Apfelmischung darauf verteilen und den Teig locker aufrollen. Die Teigkante andrücken, dann die Rolle in 10 gleich dicke Scheiben schneiden. Die Schnecken nochmals $1/4$ Stunde gehen lassen. Backofen auf 180 °C vorheizen und ein Blech mit Backpapier belegen. Die Schnecken darauflegen, mit Butter bestreichen und im Ofen etwa 25 Minuten backen.

Hörnchen aus Hefeblätterteig

- Kohlenhydratgericht
- Für etwa 10 Stück
- Zubereitungszeit: ca. 1 Std.
- Zeit zum Kühlen: ca. 2 Std.
- ca. 140 kcal je Stück

225 g feines Weizenvollkornmehl
15 g Hefe, 125 ml lauwarme Buttermilch
1 Msp. Meersalz, 50 ml Birnendicksaft
3 EL flüssige Butter
100 g kalte Butter, in dünnen Scheiben
Weizenvollkornmehl zum Ausrollen

1. Mehl in eine Schüssel geben, eine Mulde eindrücken und Hefe hineinkrümeln. Buttermilch, Dicksaft sowie Salz verrühren und dazugeben. Hefe mit Flüssigkeit verrühren, den Vorteig kühl gestellt $1/4$ Stunde gehen lassen.

2. Mit einer Gabel das Mehl nach und nach unter den Vorteig schlagen, bis die Teigmasse Blasen wirft. Flüssige Butter unterrühren und restliches Mehl mit den Händen unterkneten.

3. Den Teig zu einem zentimeterdicken Rechteck ausrollen. Die Butterscheiben dicht an dicht auf eine Teighälfte legen, die andere Teighälfte darüberschlagen und den Teig zu den beiden offenen Seiten hin zu einem 1 cm dicken Band ausrollen. Die Bandenden zur Mitte hin einschlagen, den Teig zu 4 Schichten übereinanderschlagen und für $1/2$ Stunde kühl stellen. Wieder zu den offenen Enden hin zu einem 1 cm dicken Band ausrollen, nochmals einschlagen, kühl stellen und den Vorgang noch zweimal wiederholen.

4. Den Teig zu einem Rechteck ausrollen, Quadrate von 12 cm Kantenlänge ausradeln, sie diagonal aufrollen und auf ein Blech legen. Den Backofen auf 250 °C vorheizen und das Blech inzwischen kühl stellen. Die Hörnchen etwa 25 Minuten backen.

Kiwitörtchen

- Eiweißgericht
- Für etwa 4 Stück
- Zubereitungszeit: ca. $1/2$ Std.
- ca. 310 kcal je Stück

Für den Teig:
1 Ei
1 EL flüssiger Honig
100 g Kokosraspel
1 ML Biobin
etwas Butter für die Förmchen
2 EL Kokosraspel zum Ausstreuen

Für den Belag:
3–4 Kiwis
100 ml Apfelsaft
1$1/2$ Blätter weiße Gelatine
100 g Sahne zum Verzieren

1. Das Ei trennen. Eiweiß steif schlagen, dabei den Honig gründlich unterrühren. Das Eigelb und das Biobin darunterrühren und mit dem Schneebesen die Kokosraspel untermengen. Den Backofen auf 180 °C vorheizen.

2. Vier Tortelettförmchen von etwa 12 cm Ø gut mit Butter ausstreichen und mit Kokosraspeln ausstreuen. Den Teig einfüllen, glattstreichen und die Törtchen im Ofen etwa 10 Minuten backen. Erkalten lassen, den Törtchenrand jeweils mit einem spitzen Messer von den Förmchen lösen und die Törtchen auf eine Platte stürzen.

3. Die Kiwis schälen, das Fruchtfleisch in Scheiben schneiden und diese vierteln. Die Kiwistücke schuppenartig von außen nach innen auf die Torteletts legen.

4. Den Apfelsaft erwärmen und die Gelatine nach Packungsanweisung in kaltem Wasser quellen lassen. Gelatine ausdrücken und im warmen Apfelsaft auflösen. Den Guß auf den Früchten verteilen und erstarren lassen.

5. Die Sahne steif schlagen und die Törtchen damit garnieren.

Tip:
Die Kiwitörtchen sind zum raschen Verzehr gedacht. Einige frische exotische Früchte wie zum Beispiel Kiwi, Ananas, Papaya und Feigen enthalten jeweils ein eiweißspaltendes Enzym, das die Gelierfähigkeit von Gelatine herabsetzt und auch das Milcheiweiß angreift. Längeres Stehenlassen der mit diesen Früchten belegten Törtchen kann dazu führen, daß der Gelatineguß flüssig und die Sahne bitter wird. Bei Früchten aus der Dose ist das Enzym zerstört, dennoch sollten Trennköstler auf Obstkonserven verzichten.

Variation:
Als Belag eignen sich alle Früchte aus der Eiweißgruppe, also exotische Früchte, (z. B. Kiwi, Ananas, Papaya oder Feigen) Zitrusfrüchte, Stein- und Kernobst (außer mürben Äpfeln) sowie Beerenfrüchte.

Orangenküsse

- Eiweißgericht
- Für etwa 4 Stück
- Zubereitungszeit: ca. $1/2$ Std.
- Zeit zum Kühlen: ca. $3^1/2$ Std.
- ca. 250 kcal je Stück

Für die Masse:
70 g fester heller Honig (z.B. Rapshonig)
175 g Magerquark
1 TL abgeriebene Schale
einer unbehandelten Orange
$2^1/2$ Blätter weiße Gelatine
1 Eiweiß
150 g geschlagene Sahne

Für den Guß:
20 g fester Honig
1 EL Butterschmalz
1 Msp. Zimtpulver

1. Den Honig im heißen Wasserbad erwärmen und verflüssigen, dann unter den Quark rühren und die abgeriebene Orangenschale untermengen.

2. Die Gelatine in Wasser einweichen. Das Eiweiß steif schlagen. Die Gelatine ausdrücken, erhitzen, auflösen und unter die Quarkmasse mischen, dann den Eischnee unterziehen. Die Masse kühl stellen, bis sie anfängt, halbfest zu werden. Dann die geschlagene Sahne gleichmäßig untermengen.

3. Vier Tassen oder Schälchen mit glatter Wölbung kalt ausspülen und die Creme einfüllen. Im Kühlschrank in etwa $2^1/2$ Stunden festwerden lassen.

4. Für den Guß die Zutaten im Wasserbad auflösen. Alles gut verrühren, dann abkühlen lassen. Die Orangenmasse auf Teller stürzen und den Zimtguß mit Hilfe einer kleinen Spritztüte über die Kuppeln spritzen. Im Kühlschrank erstarren lassen.

Fruchtüberraschung

▨ Eiweißgericht

▨ Für etwa 6 Stück

▨ Zubereitungszeit: ca. 50 Min.

▨ ca. 70 kcal je Stück

100 g Magerquark
3 Eier
2 ML Biobin
$^1/_2$ TL Meersalz
120 g frische Früchte aus der
Eiweißgruppe
(Kiwischeiben, Erdbeer-,
Aprikosenhälften, Pfirsichspalten, u.a.)

1. Den Backofen auf 175 °C vorheizen und ein Backblech mit Backpapier auslegen.

2. Den Magerquark in ein Küchentuch füllen und das überschüssige Wasser herauspressen. Die Eier trennen. Magerquark zusammen mit Eigelben cremig rühren, dann das Biobin und das Salz gründlich untermengen.

3. Die Eiweiße sehr steif schlagen, dann mit dem Schneebesen unter die Eigelbmasse rühren. Auf das Blech 6 runde Förmchen mit jeweils etwa 10 cm Ø setzen und jeweils einen leicht gehäuften Eßlöffel Teig hineingeben.

4. Jeweils in die Mitte ein Stück Frucht legen und diese mit einem zweiten Eßlöffel Teig bedecken. Die Törtchen in den Ofen geben und $^3/_4$ Stunden backen. Die Backofentür während der Backzeit nicht öffnen, da der luftige Teig sofort zusammenfällt. Das Gebäck im Ofen etwas abkühlen lassen, dann sofort servieren.

Buttermilch-Hefe-Waffeln

- Kohlenhydratgericht
- Für etwa 8 Stück
- Zubereitungszeit. ca. $3/4$ Std.
- ca. 190 kcal je Stück

    125 g Weizenvollkornmehl
    1 Msp. Meersalz
    10 g Hefe
    30 g Zuckerrübensirup (Rübenkraut)
    150 ml lauwarme Buttermilch
    6 EL flüssige Butter
    2 Eigelb
    Öl für das Waffeleisen
    Zimtpulver nach Belieben

1. In einer Schüssel das Mehl mit dem Salz mischen, in die Mitte eine Mulde drücken und die Hefe hineinkrümeln.

2. Den Zuckerrübensirup und die Buttermilch daraufgeben und die Hefe unter leichtem Rühren darin auflösen. Den Vorteig zugedeckt $1/4$ Stunde gehen lassen.

3. Mit einem elektrischen Handrührgerät das Mehl unter den Vorteig rühren, dabei die Butter und die Eigelbe untermischen.

4. Das Waffeleisen aufheizen und beide Heizflächen mit Öl einstreichen. Nacheinander aus jeweils 2 Eßlöffeln Teig Waffeln ausbacken. Nach Belieben mit Zimtpulver bestäuben.
(auf dem Foto oben)

Variation:
Statt Buttermilch kann man auch zimmerwarme Sauermilch (Schwedenmilch), Kefir oder Trinkjoghurt mit 1,5 % Fett verwenden. Wenn Sie einen Schuß Sahne hinzufügen, wird der Teig noch feiner. Der Teig kann auch mit etwas gemahlenem Anis gewürzt werden, dann lassen Sie aber das Zimtpulver weg.

Buchweizenwaffeln

- Kohlenhydratgericht
- Für etwa 6 Stück
- Zubereitungszeit: ca. $1/2$ Std.
- ca. 155 kcal je Stück

    40 g weiche Butter
    40 g Ahorn- oder Zuckerrübensirup
    2 Eigelb
    75 g feines Buchweizenvollkornmehl
    1 Msp. Weinsteinbackpulver
    125 ml Buttermilch
    1 Prise Meersalz
    2 geriebene Vollkornzwiebackscheiben
    Öl für das Waffeleisen

1. Die Butter zusammen mit dem Sirup schaumig schlagen. Dann die Eigelbe einzeln unterrühren.

2. Das Buchweizenmehl mit dem Backpulver mischen und eßlöffelweise abwechselnd mit der Buttermilch unter die Schaummasse rühren. Das Salz und die Zwiebackbrösel untermengen.

3. Das Waffeleisen aufheizen und beide Heizflächen mit Öl einstreichen. Etwa 2 Eßlöffel Teig pro Waffel auf der Heizfläche verteilen und kurz anbacken.

4. Dann das Waffeleisen schließen und die Waffel fertig backen. Den restlichen Teig auf diese Weise vollständig verarbeiten.
(auf dem Foto unten)

Tip:
Dazu paßt Haselnußsahne. Hierfür schlagen Sie 200 g Sahne mit etwas Ahornsirup steif und mischen 20 g geschälte und feingeriebene Haselnüsse darunter. Statt der Haselnüsse können Sie auch Walnußkerne oder geschälte Mandeln nehmen.

BRAUCHT ZEIT · **KROSS**

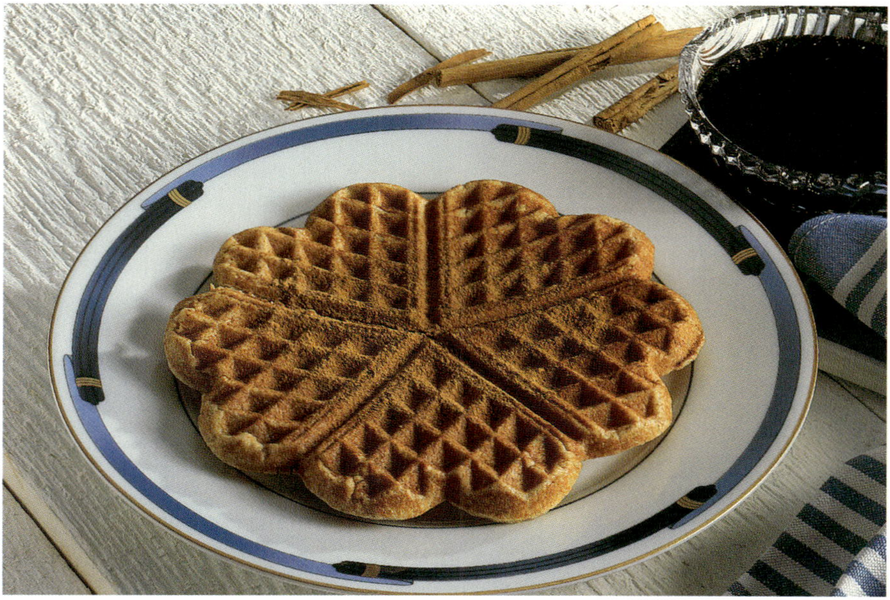

SCHNELL · **KNUSPRIG**

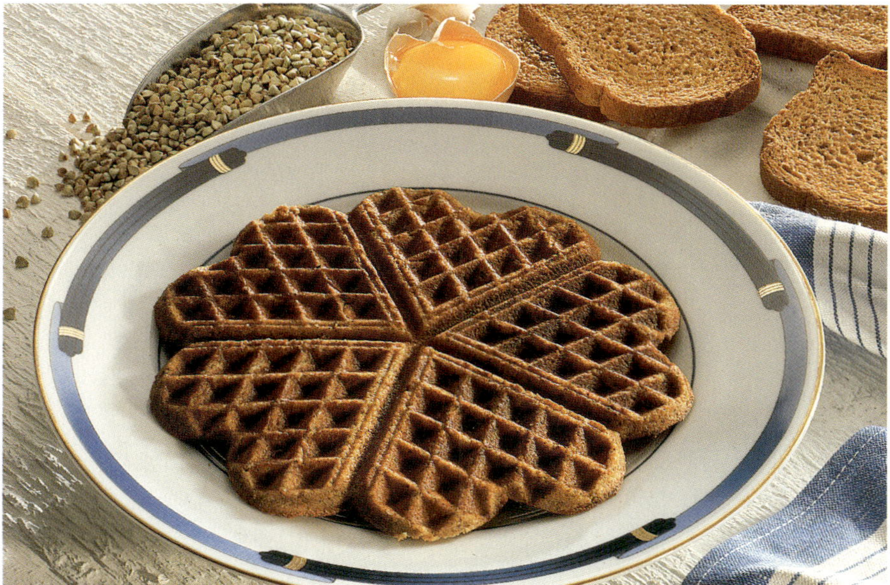

Maiswaffeln

- Kohlenhydratgericht
- Für etwa 6 Stück
- Zubereitungszeit: ca. 40 Min.
- ca. 150 kcal je Stück

2 Eigelb
3 EL flüssige, lauwarme Butter
125 ml Buttermilch
$^{1}/_{2}$ TL Meersalz
125 g feines Maismehl
1 Msp. Weinsteinbackpulver
75 ml kohlensäurehaltiges
Mineralwasser
Sonnenblumenöl zum Ausbacken

1. Die Eigelbe mit der flüssigen Butter gründlich verschlagen, dann unter Rühren die Buttermilch und das Meersalz dazugeben.

2. Das Maismehl mit Weinsteinbackpulver mischen und eßlöffelweise abwechselnd mit dem Mineralwasser unter die Masse rühren. Den Teig 10 Minuten quellen lassen, dabei zwischendurch mit einer Gabel umrühren, damit sich das Maismehl nicht absetzt.

3. Das Waffeleisen erhitzen und beide Heizflächen dünn mit Öl bestreichen. Den Teig löffelweise von der Mitte des Geräts aus einfüllen, dabei den Teig zwischendurch immer wieder durchrühren, damit er eine gleichmäßige Konsistenz behält. Pro Waffel 4 bis 5 Eßlöffel Teig verwenden. Nach jedem Backvorgang die Heizflächen wieder leicht einölen. Die Waffeln lauwarm servieren.

Kräuterwaffeln aus Grünkernmehl

▨ Kohlenhydratgericht

▨ Für etwa 10 Stück

▨ Zubereitungszeit: ca. 40 Min.

▨ ca. 105 kcal je Stück

5 EL flüssige, warme Butter
2 Eigelb
1 Msp. Meersalz
$^1/_2$ TL getrockneter Majoran
1 kleine Zwiebel
50 g Sahne
ca. 100 ml kohlensäurehaltiges
Mineralwasser
100 g Grünkernmehl
1 Msp. Weinsteinbackpulver
Sonnenblumenöl für das Waffeleisen

1. Die flüssige Butter mit den Eigelben ver-quirlen, dann Salz und Majoran unterrühren. Die Zwiebel schälen und fein reiben, dann unter die Eigelbmasse rühren.

2. Nacheinander die Sahne und das Mineral-wasser darunterschlagen und unter weiterem Rühren das Grünkernmehl hinzugeben. Den Teig 5 Minuten quellen lassen. Inzwischen das Waffeleisen aufheizen. Wenn der Teig zu fest ist, noch etwas Mineralwasser unterrühren, bis er dickflüssig ist.

3. Beide Heizflächen des Waffeleisens mit Öl einstreichen, jeweils 2 Eßlöffel Teig in die Mitte des Eisens geben, etwas verteilen und nach-einander knusprige Waffeln ausbacken. Das Eisen zwischendurch immer wieder fetten. Die Waffeln heiß oder kalt servieren.

Salzstangen

- Kohlenhydratgericht
- Für etwa 30 Stück
- Zubereitungszeit: ca. $1/2$ Std.
- Zeit zum Kühlen: ca. $1/2$ Std.
- ca. 40 kcal je Stück

125 g Weizenvollkornmehl
1 Prise Weinsteinbackpulver
65 g kalte Butter
75 g Crème fraîche
1 Msp. Meersalz
Weizenvollkornmehl zum Ausrollen
1 Eigelb zum Bestreichen
grobes Meersalz, Kümmel und
Mohnsamen zum Bestreuen

1. Das Mehl mit dem Backpulver mischen und auf eine Arbeitsfläche geben. In die Mitte eine Vertiefung drücken. Butter in Stückchen, Crème fraîche sowie Salz hineingeben und das Ganze gut mit dem Mehl verkneten. Den Teig $1/2$ Stunde im Kühlschrank ruhen lassen.

2. Den Backofen auf 200 °C vorheizen und ein Blech mit Backpapier auslegen. Den Teig auf leicht bemehlter Arbeitsfläche etwa 4 mm dick zu einem Rechteck ausrollen und mit dem Teigrädchen $1^1/2$ cm breite und 10 cm lange Streifen ausradeln.

3. Das Eigelb mit einigen Tropfen Wasser verrühren, die Teigstreifen damit bestreichen und mit grobem Salz bestreuen. Auf die Hälfte der Salzstangen Kümmel, auf die andere Mohnsamen streuen. Die Salzstangen etwa $1/4$ Stunde backen und warm servieren.

(auf dem Foto: oben)

Dinkelspitzle

- Kohlenhydratgericht
- Für etwa 8 Stück
- Zubereitungszeit: ca. 40 Min.
- Zeit zum Gehen: ca. $3/4$ Std.
- ca. 120 kcal je Stück

225 g Dinkelvollkornmehl
$1/2$ TL Meersalz, 10 g Hefe
75 ml warmes Wasser
$1/2$ TL grobgemahlene Anis-
oder Fenchelsamen
75 g Naturjoghurt (3,5 % Fett)
Dinkelvollkornmehl zum Ausrollen
grobes Meersalz, Kümmel, Mohn- und
Sesamsamen zum Bestreuen

1. Das Mehl mit dem Salz in einer Schüssel mischen, in die Mitte eine Vertiefung drücken und die Hefe hineinbröckeln. Warmes Wasser hinzufügen, die Hefe damit verrühren und den Vorteig an einem warmen Ort 10 Minuten gehen lassen.

2. Anis- oder Fenchelsamen auf das Mehl streuen, den Joghurt hinzufügen. Das Mehl unter den Vorteig mengen. Das Ganze zu einem Teig verkneten, diesen zur Kugel formen und zugedeckt $1/2$ Stunde gehen lassen. Den Teig nochmals durchkneten und auf einer bemehlten Arbeitsfläche zu einem Rechteck ausrollen. Mit einem Teigrädchen 8 Quadrate mit 12 cm Kantenlänge ausradeln und diese jeweils diagonal aufrollen.

3. Ein Blech mit Backpapier auslegen, die Spitzle darauflegen, mit Salzwasser bestreichen und nochmals 20 Minuten gehen lassen. Den Backofen auf 250 °C vorheizen. Spitzle mit Salz, Kümmel, Mohn- oder Sesamsamen bestreuen und 10 Minuten backen. Backofenhitze auf 200 °C reduzieren und die Spitzle nochmals 10 Minuten backen.

(auf dem Foto: unten)

Käsegebäck

▦ Kohlenhydratgericht
▦ Für etwa 45 Stück
▦ Zubereitungszeit: ca. $1/2$ Std.
▦ Zeit zum Kühlen: ca. 10 Min.
▦ ca. 40 kcal je Stück

**125 g Weizenvollkornmehl
1 Msp. Meersalz
100 g kalte Butter
100 g geraspelter Schnittkäse
(60 % F. i. Tr.)
(Rahmbutterkäse, Beaufort)
Weizenvollkornmehl zum Ausrollen
1 Eigelb zum Bestreichen
geriebener Käse, Kümmel, grobes
Meersalz, Mohnsamen oder edelsüßes
Paprikapulver zum Bestreuen**

1. Das Mehl mit dem Salz in einer Schüssel mischen, die Butter und die Käseraspel dazugeben und alles gut verkneten. Den Teig auf einer bemehlten Arbeitsfläche 4 mm dick ausrollen und Rauten ausstechen.

2. Die Rauten mit Eigelb bestreichen, nach Belieben mit Käse, Kümmel, Salz, Mohnsamen oder Paprikapulver bestreuen und dann auf ein kalt abgespültes Blech setzen.

3. Das Blech für 10 Minuten in den Kühlschrank stellen. Inzwischen den Backofen auf 180 °C vorheizen. Die Plätzchen $1/4$ Stunde backen.
(auf dem Foto oben)

Gefüllte Käsestangen

▦ Kohlenhydratgericht
▦ Für etwa 10 Stück
▦ Zubereitungszeit: ca. $1/2$ Std.
▦ Zeit zum Kühlen: ca. $1/2$ Std.
▦ ca. 145 kcal je Stück

<u>Für den Teig:</u>
**125 g Weizenvollkornmehl
1 Prise Weinsteinbackpulver
65 g kalte Butter, 75 g Crème fraîche
1 Msp. Meersalz
Weizenvollkornmehl zum Ausrollen**

<u>Für die Füllung:</u>
70 g Rahmbutterkäse am Stück

<u>Außerdem:</u>
**1 Eigelb zum Bestreichen
grobes Meersalz und Kümmel
zum Bestreuen**

1. Die Zeigzutaten miteinander verkneten und den Teig für $1/2$ Stunde kühl stellen. Den Käse in 10 Streifen von etwa 7 cm Länge schneiden. Den Backofen auf 200 °C vorheizen und ein Blech mit Backpapier auslegen.

2. Den Teig auf einer bemehlten Arbeitsfläche etwa 4 mm dick zu einem Rechteck ausrollen. Mit einem Teigrädchen 20 Streifen von 3 cm Breite und 10 cm Länge ausradeln.

3. Auf die Hälfte der Streifen jeweils einen Käsestreifen legen. Das Eigelb mit einigen Tropfen Wasser verrühren, die Ränder der mit Käse belegten Teigstreifen damit bestreichen und die restlichen Teigstreifen darauflegen. Die Ränder zusammendrücken, die Oberfläche jeweils mit Eigelb bestreichen und mit grobem Salz sowie Kümmel bestreuen. Die Käsestangen etwa $1/4$ Stunde backen.
(auf dem Foto unten)

BRAUCHT ZEIT · PIKANT

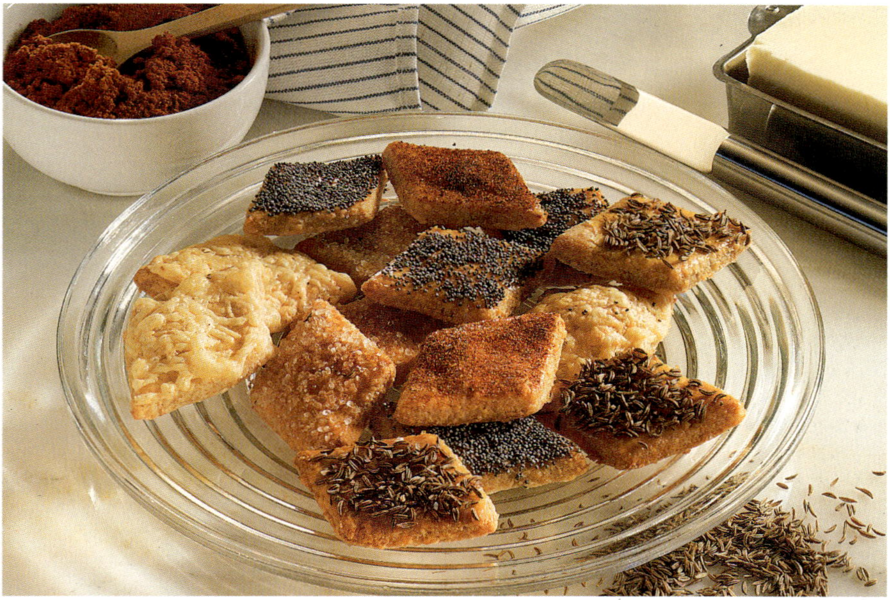

BRAUCHT ZEIT · FEIN

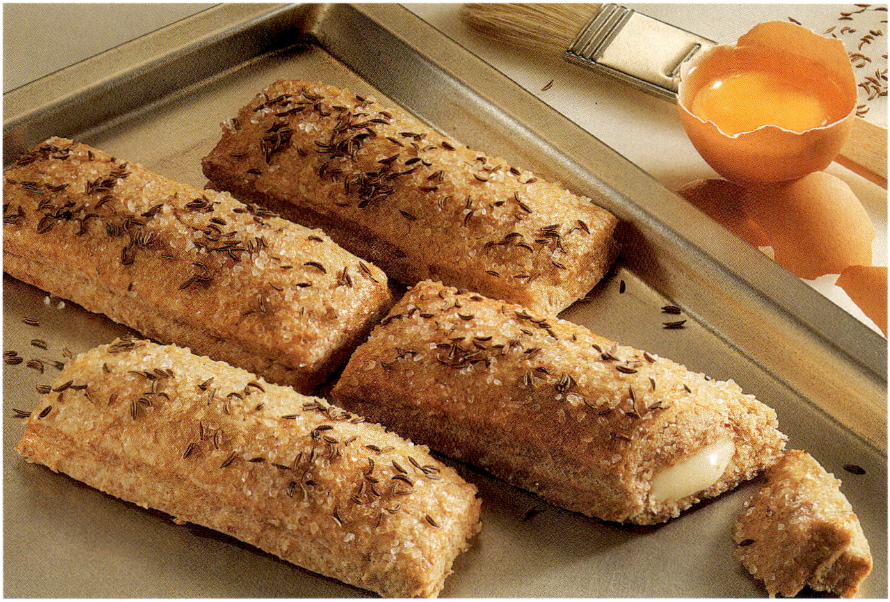

BROT UND BRÖTCHEN

Überraschen Sie Ihre Familie, Freunde und Gäste mit selbstgebackenem Brot und ofenfrischen Brötchen! Sie selber zu backen ist einfach, weil die Rezepte für die Trennkost unkompliziert sind.

Vollkornbrot mit Leinsamen

- Kohlenhydratgericht
- Für 2 Brote à ca. 23 Scheiben
- Zubereitungszeit: ca. 1$^1/_2$ Std.
- Zeit zum Gehen: ca. 1 Std.
- ca. 30 kcal je Scheibe

400 g feines Weizenvollkornmehl
50 g feines Roggenvollkornmehl
1 TL Meersalz
25 g Hefe
300 ml warmes Wasser
20 g Leinsamen
$^1/_2$ TL grobgemahlener Koriander
2 TL Kümmel
grobes Meersalz und Kümmel
zum Bestreuen

1. Die Mehle und das Salz in einer Schüssel miteinander vermengen, in die Mitte eine Vertiefung drücken und die Hefe hineinkrümeln. Das warme Wasser dazugeben und die Hefe darin auflösen. Den Vorteig an einem warmen Ort $1/4$ Stunde gehen lassen.

2. Mit einer Gabel etwas Mehl unter den Vorteig rühren. Leinsamen, Koriander und Kümmel dazugeben und nach und nach weiteres Mehl unterarbeiten. Dann den Teig mit den Händen gründlich durchkneten. Bei Bedarf noch etwas Mehl hinzufügen.

3. Den Teig zu einer Kugel formen und zugedeckt an einem warmen Ort $1/2$ Stunde gehen lassen. Nochmals durchkneten, in zwei gleich große Stücke teilen, diese zu Broten formen und die Oberfläche jeweils mehrmals schräg einritzen. Mit Wasser bestreichen und mit grobem Salz sowie Kümmel bestreuen.

4. Die Brote nochmals $1/4$ Stunde gehen lassen. Inzwischen den Backofen auf 250 °C vorheizen, eine mit Wasser gefüllte, feuerfeste Tasse hineinstellen und ein Backblech im Ofen erhitzen.

5. Die Brote auf das heiße Blech setzen und auf der mittleren Einschubleiste etwa $1/4$ Stunde backen. Dann mit Wasser bestreichen, die Backofenhitze auf 200 °C reduzieren und die Brote nochmals 25 Minuten backen.

Tip:
Wenn Sie den Brotteig auf das heiße Blech setzen läuft der Teig nicht breit auseinander. Das Brot bleibt in Form, weil der Teigboden sofort eine Kruste bildet.

ZEITINTENSIV · **WÜRZIG**

Gewürzlaib

- Kohlenhydratgericht
- Für ca. 30 Scheiben
- Zubereitungszeit für den Grundteig: ca. $^1/_4$ Std.
- Zeit zum Gehen für den Grundteig: ca. $^1/_4$ Std.
- Zubereitungszeit: ca. $1^1/_2$ Std.
- Zeit zum Gehen: ca. 70 Min.
- ca. 85 kcal je Scheibe

Für den Grundteig:
(ca. 2,5 kg Teig, ergibt 2 Brote)
675 g Weizenvollkornmehl
675 g Roggenvollkornmehl
1050 ml lauwarme Buttermilch
60 g Hefe ($1^1/_2$ Würfel)
3 EL Meersalz, 75 g Butter

Außerdem:
1 TL gemahlener Koriander
1 TL Anissamen

1. Die Mehle in einer Schüssel mischen, die Hefe darüber krümeln, Buttermilch, Salz und Butter dazugeben. Die Masse mit den Händen gut durchkneten. An einem warmen Ort zugedeckt mindestens $^1/_2$ Stunde gehen lassen, dann nochmals durchkneten.

2. Vom Grundteig 1350 g abwiegen und die Gewürze unterkneten. Aus dem Teigstück einen länglichen Laib formen. Ihn zugedeckt 30 bis 40 Minuten gehen lassen. Den Backofen auf 250 °C vorheizen und ein Backblech sowie eine mit Wasser gefüllte, feuerfeste Schale hineinstellen.

3. Das Brot auf das heiße Blech setzen und $^1/_4$ Stunde backen. Dann nochmals 10 bis 15 Minuten bei 220 °C backen und schließlich bei 200 °C in $^3/_4$ Stunden fertigbacken.
(auf dem Foto: oben)

Walnußkastenbrot

- Kohlenhydratgericht
- Für ca. 33 Scheiben
- Zubereitungszeit: ca. $1^1/_4$ Std.
- Zeit zum Gehen: ca. 70 Min.
- ca. 90 kcal je Scheibe

ca. 1,2 kg Grundteig
(siehe Rezept „Gewürzlaib")
100 g Walnußkernhälften
Butter für die Form

1. Etwa 1,2 kg Grundteig mit den Walnußkernhälften verkneten und ein längliches Brot daraus formen.

2. Eine Kastenform (25 cm Länge) mit Butter ausstreichen, den Teig hineingeben und zugedeckt 30 bis 40 Minuten gehen lassen. Nach $^1/_4$ Stunde den Teig mit einem spitzen Messer an der Oberfläche rautenartig einschneiden.

3. Den Backofen auf 225°C vorheizen und eine mit Wasser gefüllte, feuerfeste Schale hineinstellen. Das Brot in den Ofen geben und 20 Minuten backen.

4. Die Backofenhitze auf 200 °C reduzieren und das Brot nochmals 30 bis 35 Minuten backen.
(auf dem Foto: unten)

Tip:
Der Grundteig läßt sich auch gut einfrieren.

Buttermilch-Dreisaat-Brot

- Kohlenhydratgericht
- Für ca. 20 Scheiben
- Zubereitungszeit: ca. 70 Min.
- Zeit zum Gehen: 1 1/4 Std.
- ca. 120 kcal je Scheibe

450 g feines Weizenvollkornmehl
30 g Hefe
250 ml lauwarme Buttermilch
50 g Leinsamen
20 g Sesamsaat
50 g geschälte Sonnenblumenkerne
je 1 TL Meersalz, Kümmel und Koriander

1. Mehl in eine Schüssel geben, in die Mitte eine Mulde drücken, die Hefe hineinkrümeln und die Buttermilch dazugießen. Die Hefe in der Buttermilch auflösen und den Vorteig an einem warmen Ort 1/4 Stunde gehen lassen.

2. Nach und nach etwas Mehl darunterschlagen, dabei die restlichen Zutaten hinzufügen. Den Teig mit den Händen gründlich durchkneten, zu einer Kugel formen und zugedeckt an einem warmen Ort 1/2 Stunde gehen lassen.

3. Den Teig nochmals gut kneten, zu einem länglichen Brot ausformen, die Oberseite mit Wasser bestreichen und mehrmals schräg einritzen. Das Brot nochmals 1/2 Stunde gehen lassen.

4. Den Backofen auf 200 °C vorheizen und ein Backblech darin heiß werden lassen. Das Brot auf das Blech setzen und etwa 3/4 Stunden im Ofen backen.

Kümmelfladen

- Kohlenhydratgericht
- Für etwa 6 Stück
- Zubereitungszeit: ca. 50 Min.
- Zeit zum Gehen: ca. 1 Std.
- ca. 330 kcal je Stück

400 g feines Weizenvollkornmehl
100 g feines Roggenvollkornmehl
40 g Hefe (ca. 1 Würfel)
250 ml lauwarme Buttermilch
je 1 TL Meersalz, Kümmel
und Koriander
3 EL Sonnenblumenöl
Weizenvollkornmehl zum Ausrollen
Kümmel und grobes Meersalz
zum Bestreuen

1. Mehle in einer Schüssel mischen, in die Mitte eine Mulde drücken, die Hefe hineinkrümeln und die Buttermilch dazugießen. Die Hefe in der Buttermilch auflösen und den Vorteig an einem warmen Ort $1/4$ Stunde gehen lassen.

2. Nach und nach das Mehl unterrühren, dabei Salz, Kümmel, Koriander und Öl hinzufügen. Alles gut verkneten, den Teig zu einer Kugel formen und diese zugedeckt an einem warmen Ort $1/2$ Stunde gehen lassen.

3. Die Teigkugel durchkneten, dann in sechs gleich große Stücke teilen und diese auf bemehlter Unterlage zu runden, etwa daumendicken Fladen ausrollen. Nochmals $1/4$ Stunde gehen lassen. Den Backofen auf 200 °C vorheizen.

4. Die Fladen mehrmals mit einer Gabel einstechen, dann mit Wasser bestreichen, mit Kümmel und grobem Salz bestreuen und im Ofen 25 Minuten backen.

Vollkorntoastbrot

- Kohlenhydratgericht
- für ca. 30 Scheiben
- Zubereitungszeit: ca. 1$^{1}/_{2}$ Std.
- Zeit zum Gehen: ca. 1 Std.
- ca. 65 kcal je Scheibe

450 g feines Weizenvollkornmehl
1 EL Meersalz
25 g Hefe
100 ml warmes Wasser
175 ml zimmerwarme Buttermilch
50 g flüssige Butter
Butter für die Form

1. Etwa 400 g Mehl mit dem Salz in einer Schüssel mischen. In die Mitte eine Mulde drücken und die Hefe hineinbröckeln. Das warme Wasser mit der Buttermilch verquirlen und dazugeben. Die Hefe in der Flüssigkeit leicht verrühren und den Vorteig zugedeckt an einem warmen Ort $^{1}/_{4}$ Stunde gehen lassen.

2. Mit einer Gabel das Mehl nach und nach unter den Vorteig schlagen, dabei die flüssige Butter untermischen. Das Ganze zu einem Teig verarbeiten und diesen nochmals zugedeckt kurz ruhen und gehen lassen.

3. Das restliche Mehl auf eine Arbeitsfläche streuen und den weichen Teig darauf fünf Minuten mit den Händen gut durchkneten. Der Teig sollte weich und geschmeidig sein.

4. Den Backofen auf 50 °C aufheizen und eine Kastenform mit Butter ausstreichen. Den Teig zu einer Rolle formen, in die Form legen und im Ofen in $^{1}/_{2}$ Stunde auf das doppelte Volumen aufgehen lassen. Zwischendurch zweimal mit warmem Wasser bestreichen.

5. Die Form herausnehmen und den Teig in der Mitte längs etwas einschneiden. Den Backofen auf 225 °C aufheizen. Dann das Brot in den heißen Ofen schieben und 10 Minuten backen.

6. Die Backofenhitze auf 200 °C reduzieren und das Brot nochmals $^{1}/_{4}$ Stunde backen. Schließlich bei 180 °C in 10 bis 15 Minuten fertigbacken. Das Brot aus der Form lösen und bis zum Verzehr 1 Tag liegen lassen.

Tip:
Dieser Brotteig ist relativ weich und sollte deshalb in einer Kastenform gebacken werden. Die viereckigen Brotscheiben eignen sich gut zum Toasten und zur Zubereitung von Schnittchen. Wer das Brot würziger mag, gibt gemahlenen Fenchel, Koriander und Kümmel in den Teig. Besonders dekorativ sieht das Brot aus, wenn Sie die gebutterte Form mit ganzen, geschälten Sonnenblumenkernen ausstreuen.

Variation:
Sie können aus dem Teig auch kleine, runde Kugeln formen und diese zu einer Brötchensonne in einer Springform zusammensetzen. Bestreuen Sie die einzelnen Brötchen je nach Belieben mit Sesamsamen, Kümmel, Mohnsamen oder grobem Salz.

Osterbrot

- Kohlenhydratgericht
- Für ca. 20 Scheiben
- Zubereitungszeit: ca. 50 Min.
- ca. 165 kcal je Scheibe

250 g Magerquark
80 ml Buttermilch
80 ml Sojaöl
50 g Zuckerrübensirup (Rübenkraut)
1 TL abgeriebene Schale
einer unbehandelten Zitrone
$1/2$ TL Meersalz
je 1 Msp. Muskat- und Pimentpulver
500 g feines Weizenvollkornmehl
1 P. Weinsteinbackpulver
Weizenvollkornmehl zum Kneten
1 Eigelb
1 EL Sahne
3 EL geschälte Sonnenblumenkerne

1. Magerquark zusammen mit Buttermilch, Sojaöl, Zitronenschalenabrieb, Meersalz, Muskat- sowie Pimentpulver in eine Schüssel geben und verrühren. Das Mehl mit dem Backpulver mischen und nach und nach untermengen. Den Teig mit den Knethaken eines elektrischen Rührgeräts gut durcharbeiten.

2. Den Backofen auf 200 °C vorheizen. Etwas Mehl auf eine Arbeitsfläche streuen, den Teig darauf mit den Händen kurz durchkneten und ein längliches Brot daraus formen.

3. Ein Blech mit Backpapier auslegen. Das Eigelb mit der Sahne verquirlen und das Brot mit der Mischung bestreichen. Die Sonnenblumenkerne darüberstreuen, das Brot auf das Blech setzen und auf der mittleren Einschubleiste im Ofen etwa $1/2$ Stunde backen.

Adventsbrot

■ Kohlenhydratgericht

■ Für ca. 20 Scheiben

■ Zubereitungszeit: ca. 2^1/$_2$ Std.

■ Zeit zum Ruhen: über Nacht

■ ca. 180 kcal je Scheibe

**500 g mehlige Kartoffeln, mürbe Äpfel
oder saftige Karotten
160 g Zuckerrübensirup (Rübenkraut)
1 TL Zimtpulver, 1 TL Carobe
^{1}/$_2$ TL Pimentpulver, ^{1}/$_2$ TL Nelken
4 cl brauner Rum
100 g ganze Nüsse (evtl. gemischt)
100 g geschälte, ganze Mandeln
200 g ungeschwefelte Rosinen
2 TL Weinsteinbackpulver
330 g Weizenvollkornmehl
Butter und Vollkornzwiebackbrösel
für die Form**

1. Die Kartoffeln, Äpfel oder Karotten schälen und mit einer Gemüsereibe grob raspeln. Sirup, Zimtpulver, Carobe, Piment, Nelken, Rum, Nüsse, Mandeln und Rosinen daruntermengen und die Masse zugedeckt über Nacht ruhen lassen.

2. Am nächsten Tag das Backpulver zusammen mit dem Mehl untermengen. Den Backofen auf 190 °C vorheizen.

3. Eine Kastenform (20 cm Länge) mit Butter ausstreichen und mit Bröseln ausstreuen. Den Teig einfüllen und etwa 1^1/$_2$ Stunden backen.

Sauerteigbrot
mit Sonnenblumenkernen

- Kohlenhydratgericht
- Für ca. 30 Scheiben
- Zubereitungszeit: ca.1^1/$_2$ Std.
- Zeit für den Sauerteig: ca. 3^1/$_2$ Tage
- Zeit zum Gehen: ca. ^{3}/$_4$ Std.
- ca. 95 kcal je Scheibe

Für den Sauerteig:
465 g feines Roggenvollkornmehl
(25°C warm)
350 ml lauwarme Buttermilch

Für den Brotteig:
500 g Weizenvollkornmehl
250 g Sauerteig
(siehe obiges Rezept)
350 ml lauwarme Buttermilch
1 EL Meersalz
1 TL gemahlener Koriander
125 g geschälte Sonnenblumenkerne
1 EL Kartoffelstärke

1. Für den Sauerteig 1 Eßlöffel Roggenvollkornmehl mit 5 Eßlöffeln Buttermilch verrühren, in ein Gefäß geben und den Ansatz zugedeckt für etwa 2 Tage bei Zimmertemperatur ruhen lassen.

2. Den Ansatz mit 100 ml Buttermilch und 250 g Roggenvollkornmehl vermischen, das Ganze gut verkneten und bei Zimmertemperatur über Nacht gehen lassen.

3. Am nächsten Tag restliches Roggenvollkornmehl und restliche Buttermilch zusetzen, den Ansatz gründlich durchkneten und an einem warmen Ort nochmals 5 Stunden gehen lassen.

4. Der Sauerteig ist nun fertig zur Verwendung. Das Rezept ergibt ca. 800 g Sauerteig. Die angegebene Menge abnehmen und den Rest zur weiteren Verwendung einfrieren.

5. Für den Brotteig das Mehl auf ein Backbrett geben, in die Mitte eine Mulde drücken und Sauerteig, Buttermilch, Salz sowie Koriander hineingeben. Das Ganze gut verkneten. Dann 50 g Sonnenblumenkerne hacken und unterarbeiten. Den Teig mindestens 5 Minuten durchkneten, dann an einem warmen Ort etwa 40 Minuten gehen lassen.

6. Den Teig nochmals durchkneten und nochmals 10 Minuten ruhen lassen. Den Backofen auf 220 °C vorheizen, ein Backblech und eine mit Wasser gefüllte, feuerfeste Tasse hineinstellen.

7. Aus dem Teig einen Brotlaib formen. Die Stärke mit 100 ml Wasser glattrühren und auf den Teig streichen. Die restlichen Sonnenblumenkerne daraufstreuen.

8. Das Brot auf das heiße Blech setzen, in den Ofen geben etwa 20 Minuten backen. Die Backofenhitze auf 200 °C reduzieren und das Brot in 40 Minuten fertigbacken.

Tip:
Wenn Sie den Sauerteig nicht selbst ansetzen wollen, können Sie ihn auch bereits gebrauchsfertig kaufen. Sie erhalten ihn in Reformhäusern, Bioläden, gut sortierten Supermärkten oder – auf Bestellung – bei Ihrem Bäcker.

Partybrötchen

- Kohlenhydratgericht
- Für etwa 10 Stück
- Zubereitungszeit: ca. 50 Min.
- Zeit zum Gehen: ca. 50 Min.
- ca. 80 kcal je Stück

200 g Weizenvollkornmehl
50 g Dinkelvollkornmehl
$1/2$ TL Meersalz, 10 g Hefe
150 ml warmes Wasser
Mohnsamen und grobes Meersalz
zum Bestreuen

1. Die Mehle mit dem Salz in einer Schüssel mischen, in die Mitte eine Vertiefung drücken und die Hefe hineinbröckeln. Das warme Wasser dazugeben und die Hefe darin unter leichtem Rühren auflösen. Den Vorteig an einem warmen Ort $1/4$ Stunde gehen lassen.

2. Nach und nach das Mehl unterarbeiten und den Teig mit den Händen gründlich durchkneten. Falls erforderlich, noch etwas Weizenvollkornmehl hinzufügen. Den Teig zu einer Kugel formen und $1/2$ Stunde zugedeckt gehen lassen, dann wieder durchkneten und zu einer Rolle formen.

3. Die Teigrolle in 10 gleich große Stücke schneiden und diese zu Kugeln formen. Etwas flachdrücken, überkreuz einschneiden, dann mit Wasser bestreichen und mit Mohnsamen oder grobem Salz bestreuen. 20 Minuten gehen lassen.

4. Inzwischen den Backofen auf 250 °C vorheizen. Ein Backblech darin erhitzen. Die Brötchen auf das Blech setzen und im Ofen 10 Minuten backen. Dann mit Wasser bestreichen und bei 200 °C nochmals 10 Minuten backen.
(auf dem Foto oben)

Roggenbrötchen

- Kohlenhydratgericht
- Für etwa 16 Stück
- Zubereitungszeit: ca. 1 Std.
- ca. 120 kcal je Stück
- Zeit zum Einweichen: über Nacht
- Zeit zum Gehen: ca. $1^1/2$ Std.

75 g Weizenkörner
250 g feines Roggenvollkornmehl
250 g feines Weizenvollkornmehl
40 g Hefe (ca. 1 Würfel)
200 ml lauwarme Buttermilch
1 TL Meersalz, 100 g Magerquark
Mohn-, Sesamsamen, geschälte
Sonnenblumenkerne,
Kümmel oder grobes Meersalz
zum Bestreuen

1. Die Weizenkörner über Nacht in Wasser einweichen. Die Mehle in einer Schüssel mischen und die Hefe in die Mitte krümeln. Buttermilch, Salz, Quark und Weizenkörner dazugeben. Das Ganze gut verkneten und den Teig zur Kugel formen. An einem warmen Ort zugedeckt 40 Minuten gehen lassen.

2. Den Teig durchkneten und 10 Minuten gehen lassen. Die Teigkugel in 16 gleich große Stücke mit jeweils etwa 55 g teilen, diese rund oder länglich formen und nochmals 40 Minuten gehen lassen.

3. Den Backofen auf 225 °C vorheizen, ein Blech darin erhitzen und eine mit Wasser gefüllte, feuerfeste Tasse hineinstellen. Die Brötchen mit Wasser bestreichen und nach Belieben mit Gewürzen oder Meersalz bestreuen. Die Brötchen auf das heiße Blech legen, in den Ofen geben und knapp 20 Minuten backen.
(auf dem Foto unten)

ZEITINTENSIV · KNUSPRIG

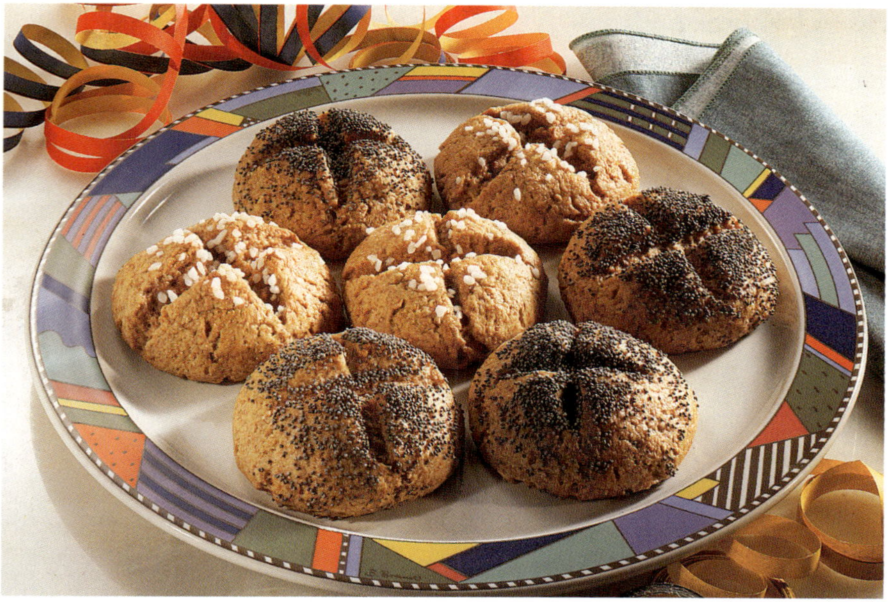

ZEITINTENSIV · KROSS

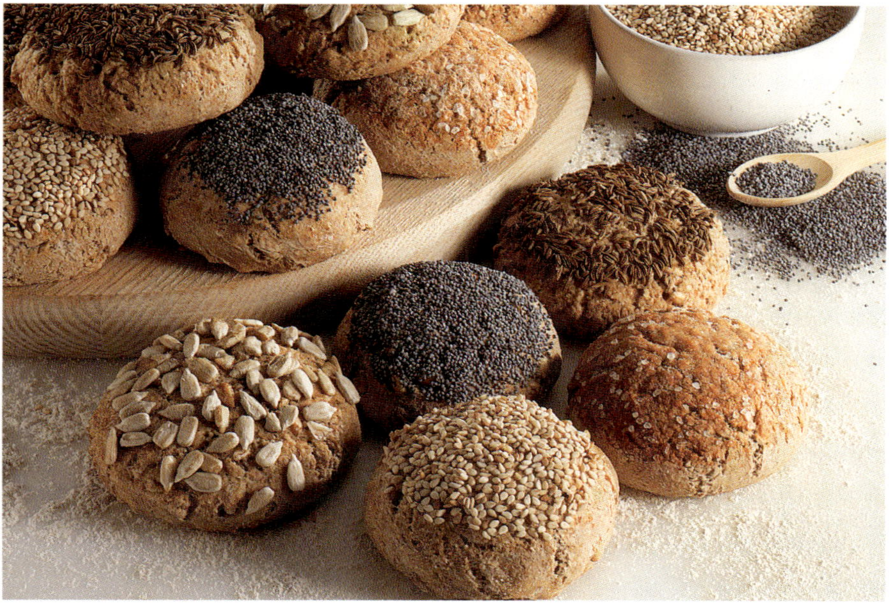

Quarkwecken mit Kräutern

- Eiweißgericht
- Für etwa 10 Stück
- Zubereitungszeit: ca. 50 Min.
- ca. 35 kcal je Stück

3 Eier
100 g gut ausgepreßter Magerquark
2 ML Biobin
$^1/_2$ TL Meersalz
1 Msp. getrocknete Kräuter
der Provence
1 kleine, durchgepreßte Knoblauchzehe

1. Den Backofen auf 175 °C vorheizen und ein Backblech mit Backpapier auslegen.

2. Die Eier trennen. Eigelbe zusammen mit Magerquark cremig rühren. Dann Biobin, Salz und Gewürze gründlich untermengen.

3. Die Eiweiße sehr steif schlagen und dann mit dem Schneebesen rasch unter die Eigelbmasse rühren. Mit einem Eßlöffel zehn Teighäufchen auf das Blech setzen. Die Wecken in den Ofen geben und etwa 40 Minuten backen.

Tip:
Die Backofentür während der Backzeit nicht öffnen, da der luftige Teig sofort zusammenfällt. Die Wecken im Ofen etwas abkühlen lassen, dann ofenfrisch servieren.

Hinweis:
Der Quark muß unbedingt ein sehr trockener Magerquark sein, sonst gelingt das Rezept nicht. Wiegen Sie den Quark bitte erst nach dem Auspressen ab.

Unser Tip

Hrsg.: B. Adolphi
ISBN: 3-8068-1853-3

Von U. Summ
ISBN: 3-8068-1929-7

Hrsg.: B. Schwiers
ISBN: 3-8068-1947-5

Von F. Faist
ISBN: 3-8068-1953-X

Hrsg.: F. Brandl
ISBN: 3-8068-1954-8

Hrsg.: S. Kieslich
ISBN: 3-8068-1949-1

Alle Bände durchgehend vierfarbig,
64 Seiten, ca. 50 Farbfotos, kartoniert.
DM 9,90

Der Spezialist für nützliche Bücher

Stand der Preise 1.6.1997 · Änderungen vorbehalten

Rezeptverzeichnis

Dieses Buch gehört zu einer Kochbuchreihe, die die beliebtesten Themen aus dem Bereich Essen und Trinken aufgreift. Fragen Sie Ihren Buchhändler.

Bei diesem Buch handelt es sich um eine überarbeitete Ausgabe des bereits unter dem Titel „Trennkost Backen" (1608) erschienenen Buches.

Dieses Buch wurde auf chlorfrei gebleichtem und säurefreiem Papier gedruckt.

Die Deutsche Bibliothek – CIP-Einheitsaufnahme

Trennkost backen / Sonja Carlsson. – Überarb. Ausg.
Niedernhausen/Ts. : FALKEN, 1997
(Einfach gut)
ISBN 3-8068-1956-4

ISBN 3 8068 1956 4

© 1997 by FALKEN-Verlag GmbH,
65527 Niedernhausen/Ts.

Umschlaggestaltung: Peter Udo Pinzer
Gestaltungskonzeption: Christa Johanna Gramm
Redaktion dieser Auflage: Astrid Waller
Umschlagfotos: TLC-Foto-Studio GmbH, Velen-Ramsdorf
(vorne: „Erdbeer-Sahne-Torte", S. 12;
hinten: „Kiwitörtchen, S 36))
Fotos: TLC-Foto-Studio GmbH, Velen-Ramsdorf;
außer: S. 1, 4, 6, 8, 28, 48: FALKEN Archiv
Produktion: Dr. Reitter & Partner GmbH, Vaterstetten
Satz: Dr. Reitter & Partner GmbH, Vaterstetten
Druck: Ludwig Auer GmbH, Donauwörth

16080195X 817 2635 4453 6271